네게 재물 얻을 능력을 주었다

성경이 말하는
10가지 부의 원리

네게
재물 얻을
능력을
주었다

송준기

규장

돈 대신 돈 벌 능력을 주시다

내가 어린 시절, 우리 부모님은 새벽부터 새벽까지 일하셨다. 그래도 언제나 월세를 제때 내기 어려웠다. 빚은 줄기는커녕 더 늘어났고, 끼니는 허술하기만 했다. 몸 여기저기가 아픈 것은 당연했고, 온갖 종류의 약들이 집안 서랍마다 꽉꽉 들어차 있었다. 나는 우리 집이 뭔가 큰 잘못을 해서 저주라도 받은 줄 알았다.

그러다 학창시절에 예수님을 만났다. 모든 저주를 능가하는 복된 일이었다. 창조주께서 내 아버지가 되셨다(롬 8:15). 예수님을 믿고 나니 관점이 바뀌었다. 나는 가난한 집 아들이 아니라 하나님의 아들이었다(요 1:12). 저주받은 가난한 아이가 아니라 천국의 상속자였다(롬 8:17). 존재에 대한 관점이 완전히 새로워졌다. 그에 따라 생각과 말, 행동도 변했다. 먹고 싶은 것, 갖고 싶은 것들이 사라졌다. 예수님 때문이었다. 어떤 것들보다 하나님이 크게 보였다. 가난 때문에 한 번도 상처받아본 적 없는 새 마음이 생겼다(고후 5:17).

빚쟁이들이 단칸방으로 쳐들어와도 무섭지 않았다. 내 아버지는 자그마치 창조주시니까. 세상 모든 것이 다 내 안에 계신 하나님의 것이니 두려울 것이 없었다(시 24:1). 길을 지나다니는 좋은 자동차들도 부럽지 않았고, 소시지 반찬을 싸오는 친구들의 도시락도 대단해 보이지 않았다. 그분은 모든 자동차의 주인이시고, 모든 돼지들을 지으신 분이니까. 내 마음은 움츠러들지 않았다. 내 안에 계신 분은 모든 것들을 충분히 능가하는 분이셨다.

이런 변화를 가장 먼저 눈치챈 건 같은 반 친구들이었다. 평소와 달라진 내 모습을 관찰하던 녀석들 사이로 헛소문이 퍼졌다.

"준기네 부모님이 복권(로또)에 당첨되셨나봐!"

바뀐 생각, 바뀐 반응

내가 크리스천이 된 후에도 가정 형편은 전혀 나아지지 않았다. 바뀐 것이 있다면, 내 마음뿐이었다. 대학에 다니던 시절에는 교통비와 식비가 없었다. 단돈 10원도 없었다. 이건 비유가 아니다. 실제로 그랬다. 만약 하나님이 내 아버지시라는 믿음이 없었다면 학교를 계속 다닐 수 없었을 것이다. 아니, 아예 진학 자체를 생각하지 못했을 것이다.

하지만 내 생각은 예수님 때문에 몽땅 새로워졌다. 내게는 돈이 '없다'는 생각 대신, 빈주머니가 '있다'는 사고방식이 생겼다. 매일 왕복 14킬로미터를 뛰어서 오가는 건 돈이 '없어서'가 아니라, 하나님이 주신 체력이 '있어서'였다. 학비가 '없어서' 장학금이 필요한 것이 아니라, 창조주의 깊은 지혜가 내게 '있어서' 나는 공부를 잘할 수 '있었다'.

새로운 생각에 새로운 언행이 깃들었다. 내가 나를 창조주의 아들로 대하자, 사람들도 나를 다르게 대하기 시작했다. 정체성이 달라지자 사람들이 나를 대하는 태도도 달라진 것이다. 사람들이 내 말에 귀를 기울였고, 누구도 나를 함부로 대하지 않았다. 주변 사람들의 평가도 좋아졌다. 중요한 의

사 결정에 내 의견을 참고하는 일도 늘어났고, 무엇보다 돈을 얻을 기회도 조금씩 생겨났다.

8 vs 1

대학 때였다. 한번은 한국 갤럽에서 우리 학교 학생들에게 방학 일자리를 들고 왔다. 어려운 일이었지만 보수가 좋았다. 설명회와 함께 공개 모집을 했는데, 8명 모집에 43명이 지원했다. 갤럽에서는 인원 선발을 과 사무실에 맡겼다.

과 교수들과 선배들은 3가지 조건을 세우고 지원자들을 걸러냈다. 이 일에 유경험자일 것, 여학생일 것, 그리고 4학년일 것.

원칙이 생기자 지원자들 중 30명이 바로 탈락했다. 최종 8명을 추리기 위해 남은 13명을 한 자리에 모아 구두 인터뷰를 진행할 것이라는 발표가 났다. 3가지 조건 중에 내게 맞는 건 하나도 없었다. 그러나 포기할 생각도 없었다. 그때 이런 생각이 들었다.

'나는 하나님의 아들 아닌가! 이 일에게 너는 나의 기회라고 명명하면 내 말대로 될 것이다!'

3가지 원칙을 통과한 사람들이 모이는 자리에 들어가자 인터뷰를 주도하던 대학원 선배가 내게 나가라고 했다. 하지만 당시 하나님의 아들이라는 자존감으로 충만했던 나는 이렇게 주장했다.

"저는 3가지 원칙에 전혀 들어맞지 않습니다. 하지만, 제 실력을 한번 증명해보고 싶습니다. 여기서 8명을 뽑아 진행하시는 것에 이견이 없습니다. 다만, 시험 삼아 제게도 이 일을 맡겨주세요. 그리고 결과를 봐주세요. 만약 제가 이루는 성과가 그 8명의 합보다 더 탁월하다면, 그때는 갤럽에서도 좋아할 것입니다. 어차피 외주 형태로 받은 일이니까요. 하지만, 만약 제가 만들어낼 결과물이 다른 8명의 합보다 뒤떨어진다면, 그때는 제가 일한 결과를 고스란히 8명에게 n분의 1로 돌려드리겠습니다. 그래도 저는 '경험'이라는 가치를 얻는 보상을 받으니 일한 것만으로도 충분할 것입니다."

건방지다고 생각할 수도 있었지만, 다행히 하나님이 은혜를 얻게 하셨다. 이 제안은 승낙뿐 아니라 선배들의 지지도 얻었다. 그리고 여름방학이 시작되었다.

일은 간단했지만 어려웠다. 공사 현장을 찾아가 포클레인 기사들을 대상으로 30분 정도 걸리는 설문 인터뷰를 1 대 1로 진행하고, 10명분의 인터뷰 결과로 통계를 내오는 일이었다. 내게 주어진 시간은 15일이었다. 나는 우선 통계 작업을 위해 관련 서적을 뒤져가며 공부했다. 5일이 지났다. 그리고 작업 현장을 파악하는 데 이틀을 썼다. 남은 일주일 안에 일을 마쳐야 했다.

마음은 급한데 가는 곳마다 퇴짜를 맞았다. 아예 공사장 출입 자체가 거부되기도 했다. 현장을 찾아나간 첫날, 해가 저물고 기사들은 복귀하는데 나는 한 건의 인터뷰도 성공하지 못했다. 실망이 컸다. 다음날도 그 다음날도, 3일을 연속으로 공쳤다. 내가 시커먼 남학생이라서 그런가 싶기도 했다. 언뜻 실패감이 몰려왔지만 기도를 하자 다시 가슴이 뜨거워졌다.

'나는 하나님의 아들이자 부자 중의 부자다. 포클레인도, 기사 분들도 모두 하나님 것이다!'

심기일전한 다음 날 새벽, 눈을 떠보니 장대비가 내리고 있었다. 이런 날 인터뷰를 할 수 있을 리 없었다. 그러나 마음은 지난 9일간의 어느 날보다 확신으로 넘쳤다. 제단에 불을 내려주시길 기도하면서 물을 끼얹던 엘리야의 모습도 떠올랐다(왕상 18:33-35). 창조주의 아들이 가면 길이 열릴 것이라 믿어졌다.

믿음 충만해서 비옷을 걸쳐 입고 공사 현장으로 달려갔지만, 현장에는 아무도 없었다. 우비도 소용없는 큰비에 속옷까지 몽땅 젖어버렸다. 기도를 다시 시작하려는 내 눈에 임시 숙소로 만들어진 컨테이너 박스들이 보였다. 시간은 오전 10시. 개중 하나의 문을 열고 들어가니 화투판이 한창이었다. 비가 멈추길 기다리는 인부들이 뒤섞여 게임 중이었다.

"실례합니다! 포클레인 기사님 뵈러 왔습니다!"

마침 고스톱을 치다 개평을 팔던(?) 분이 포클레인 기사님이었다. 진즉 화투판에서 탈락해 심심하던 그 분은 내 인터뷰 요청에 1시간이나 응해주셨다. 그리고 전 지역에 퍼져 있는 또 다른 100명의 기사 분들에게 나를 연결시켜주셨다.

장대비는 그 뒤로도 마감일까지 지속되었지만, 나는 다음 숙소, 또 다음 숙소로 계속 안내를 받아가며 하루에 거의 20

명씩 인터뷰를 진행했다. 언제 그칠지 모르는 비 덕분에 나는 더 많은 사람들을 인터뷰 할 수 있었다.

어느새 마감일이 닥쳤다. 결과는 나의 승리였다. 학교에서 선발된 8명 중 4명은 단 한 건의 인터뷰도 해오지 못했다. 다른 4명 중에서는 단 1명만이 목표치를 달성했다. 그러나 나는 80명이나 인터뷰해 갈 수 있었다.

그해 여름, 하나님은 내게 돈 대신 돈 벌 능력을 주셨다.

정체성이 먼저다

세상 대부분의 일들은 연역적이다. 예를 들어보자. 취직을 하겠다는 생각을 먼저 해야 취업 준비가 뒤따르는 법이다. 금메달을 따겠다는 목표가 있는 선수가 그에 걸맞는 훈련 루틴을 시작한다.

부자가 되는 것도 크게 다르지 않다. 99퍼센트의 사람들은 돈을 많이 벌 방법을 찾는다. 하지만 진실은 소수의 사람들에게만 공개된다. 먼저 부자의 마인드를 가져야 실행 방법이 바뀌고 마지막에 돈도 주어지는 것이다.

1%   99%

부자

방법

돈

　나는 예수님을 만나고 난 후에야 '부자'(富者)가 무엇인지 제대로 알았다. 부자로서의 정체성이 방법이나 돈보다 먼저다. 재물은 뒤따라오는 결과물일 뿐이다. 그리고 보면, 크리스천보다 더 큰 부자 정체성을 가진 존재는 세상에 없다. 생각해보라. 세상 어떤 재벌의 재산이라도 창조주의 부에 전혀 미치지 못한다. 그런데 그분이 내게 어떤 분이신가? 하늘 아버지가 아니신가!

　'창조주 하나님이 바로 나의 아버지시다!'

　여기서부터 변화가 시작된다. 새로운 정체성 인식이 언행을 뒤집는다. 그러면 방법도 바뀌고, 결국 이전과 다르게 돈도 만들어낼 수 있게 된다.

재물은 눈에 보인다. 하지만 부의 정체성은 눈에 보이지 않는다. 부의 정체성은 마치 땅에 심긴 씨앗과 같다. 겉으로 보면 아무것도 없다. 하지만 추수 때에 대한 믿음이 있는 농부의 눈에는 그것이 보인다. 그래서 행동한다. 보이지 않는 것을 보이는 것처럼 가꾸고 경작한다. 그러면 결국 씨앗은 땅을 뚫고 나와 나무로 성장한다. 그리고 눈에 보이는 열매들을 맺는다.

결국 믿음이 능력이다. 믿음은 보이지 않는 것을 보이는 것으로 연결해내는 힘이다(히 11:1-3). 믿음의 힘은 말씀을 먹고 자란다(롬 10:17). 즉, 모든 믿음 액션의 뿌리는 결국 말씀이다.

이 책을 시작하며 '부자 정체성'에 대해 이야기했다. 다시 말하지만, 순서가 중요하다. 부자가 되려고 애쓰는 것이 부를 만들어내는 것이 아니다. '변화'는 원인이 아니라 결과다. 마음이 먼저 성경의 진리로 가득해지고 그 뒤를 따라 언행이 바뀌면 새로운 행동이 반복된다. 그런 일련의 과정을 거치며 보이지 않던 부의 정체성도 보이는 실재로 점차 드러난다.

시편 기자는 말씀이 '내 발의 등이며 길의 빛'이라고 했다(시 119:105). 부에 이르는 여정도 이와 같다.

말씀을 따라

처음 예수님을 만난 뒤 강산이 세 번이나 바뀌었다. 하루하루가 쌓이는 동안 나는 목사가 되었고, 유학을 다녀왔다. 선교적 교회를 개척하기도 했다. 카페도 열고 빵집도 열었다. 지금은 '웨이빌리지'라는 비즈니스 선교 공동체 교회를 개척 중이다.

크리스천 정체성을 따라 내 언행이 바뀌고, 그 결과물들이 차곡차곡 쌓이자 형태가 보이기 시작했다. 그중 하나가 부(富, rich)에 대한 것이다. 대체 부자란 어떤 사람인지, 또 하나님은 이에 대해 성경을 통해 어떻게 말씀하고 계신지에 대한 것이다. 그래서 내가 했던 신학 공부를 바탕으로 이에 관한 성경의 내용을 신학적으로 정리해보고자 했고, 기억하기 쉽도록 10가지 원리로 공식화해보았다.

당신이 할 일은 간단하다. 지금부터 10주에 걸쳐 이 책에서 다루는 10가지 원리를 한 주에 한 원리씩 천천히 읽어나가는 것이다. 왜 10일이 아닌 10주인가? 좋은 것들은 천천히 진행되기 때문이다. 밀도가 높아야 튼튼하다. 빠른 변화일수록 나중에 요요현상도 심해진다. 이 책에서 제안하는 '성경이 말하는 10가지 부의 원리'를 각각 7일씩 묵상하며 삶에 적용해보라. 그렇게 체득해보라. 10주의 과정을 통해 믿음 근육의 밀도를 천천히 높여보라!

contents

프롤로그

PART 1

왜 성경으로 돈 이야기를 해야 하는가?

1장 돈이 안 중요하다고? • 21
2장 떠돌이 목수 vs 금융전문가 • 33
3장 부릉 부릉 • 41

PART 2

성경이 말하는 10가지 부의 원리

1원리   하나님을 경외하는 사람에게 부가 따라온다 • 49

2원리   하나님은 모든 부를 이미 나에게 맡기셨다 • 66

3원리   하나님을 사랑하지 않으면 돈을 사랑하게 된다 • 83

4원리   돈은 지배와 이용의 대상이다 • 102

5원리   하나님은 재물 얻을 능력을 주셨다 • 123

6원리   가난한 자라도 경작하면 부하게 된다 • 142

7원리   부지런히 수고하는 자에게 부가 따라온다 • 163

8원리   돈은 그 용도를 아는 사람을 따라온다 • 195

9원리   부는 4대까지 물려줄 산업을 하는 사람에게 온다 • 221

10원리 부는 소유가 아니라 영향력이다 • 247

에필로그

성경이 말하는 10가지 부의 원리

PART
1

왜 성경으로
돈 이야기를
해야하는가?

1장

돈이 안 중요하다고?

평생 들어온 이야기

우리가 평생 교회에서 들어온 돈에 대한 이야기를 요약하자
면, 이 두 문장이면 될 것 같다.

"돈은 중요하지 않다. 그러나 십일조는 꼭 해라."

이런 식의 이야기를 들을 때면 왠지 모를 반감이 치밀어 오
르곤 했다. 하지만 '돈'이란 게 워낙 민감한 주제이다 보니 내
놓고 표현할 수는 없었다. 다만 속으로 크게 외칠 뿐이었다.

'정말 돈이 안 중요하다고? 돈이?!'

오해 없길 바란다. 내가 돈이 많아서 이런 생각을 했던 건
아니다. 교회 안팎 어딜 가나 돈 이야기를 들어서 그랬다. 인
터넷, 대중매체 할 것 없이 거의 모든 경로를 통해 사람들은

돈과 관련된 이야기를 한다. 그만큼 우리의 삶은 돈과 깊이 연관되어 있다. 지금 텔레비전을 틀어보라. 오늘 저녁 뉴스에서도 돈과 관련된 주제는 빠지지 않고 등장할 것이다. 어딜 가든 돈이 필요하고, 무엇을 하든 돈이 관련되어 있다.

물론, 성경에서도 돈은 중요한 이슈다. 숫자로 표현해보면 느낌이 확 온다. 성경에 돈과 관련된 구절은 2,350구절 정도나 된다. 다른 주제보다 훨씬 많다. 예를 들자면, '무서워 말라' 혹은 '평안하라'라는 말씀은 약 300구절, '기도'나 '믿음'과 관련된 구절은 500개가 조금 넘는다. 이들과 비교하면 돈에 대해 다루는 성구는 정말 월등히 많다. 심지어 사복음서에 등장하는 예수님의 비유 중에서는 약 35퍼센트가 돈과 관련 있다고 한다. 만약, 돈이 중요한 문제가 아니라면 성경이 이렇게 반복해서 다루지 않을 것이다.

왜 이렇게 여러 번 말할까?

성경이 돈과 관련된 주제를 반복해서 이야기하는 이유를 세 가지 정도로 정리해보면 이렇다.

먼저, 집중시키기 위함이다. 사실 성경은 매우 경제적인 책이다. 일점일획도 허투루 기록된 것이 없고(마 5:18), 성령께서 구원을 얻기 위해 꼭 필요한 지식만 선별해서 기록하게 하신 책이다. 그러니 여기에 반복되는 구절이 있다면, 이미 그 자체로 의미가 있다.

'어? 이거 왜 이렇게 많이 나오지? 살펴봐야겠군!'

이런 것이다.

둘째, 중요하기 때문이다. 성경은 구원에 이르는 지혜가 있게 하는 책이다(딤후 3:15). 여기에 돈에 관한 이야기가 많다는 것은, 우리의 구원을 위한 믿음 생활에 돈과 관련된 주제가 그만큼 많은 부분을 차지한다는 뜻이다.

셋째, 우리가 돈과 관련된 부분에서 하나님께 불순종하는 경우가 많기 때문이다. 어떤 지적이 반복된다는 것은 우리가 그 부분을 고집스레 바꾸지 않는다는 뜻이다. 예를 들어 '기도하라'라는 말씀이 반복되는 것은 우리가 기도하지 않음을 반증하고, '염려치 말라'라는 말씀이 반복되는 것은 염려를 지속하는 우리의 상태를 보여준다. 이렇듯 특정한 말씀의 '반복'은 우리의 교만과 불순종을 의미한다.

이런 의미에서 성경이 반복해서 돈을 이야기하고 있다면, 우리는 어떻게 해야 할까? 여전히 '중요치 않다'라며 외면하거나 무시해도 될까? 오히려 더욱 의도적으로 성경을 붙잡고 돈 이야기를 나눠야 하는 것은 아닐까?

교회에서 돈에 대해 말하기

성경은 돈 문제를 반복해서 말한다. 그럼에도 불구하고 성경을 들고 돈에 관한 이야기를 하기는 어렵다. 성(性) 문제와도 비슷한 점이 있다. 존 파이퍼는 성과 돈이 어떻게 서로 연결되어 있는지를 이렇게 말했다.

"이들은 모두 당신의 삶에서 하나님의 지고의 가치가 무엇인지를 드러내는 방법들이거나 혹은 당신이 생각하는 다른 어떤 것의 지고의 가치를 드러내는 방법들입니다. 돈과 성과 권력에 관해 당신이 생각하고 느끼고 행동하는 방식이 당신이 가장 소중하게 여기는 것이 무엇인지를 드러내준다는 말입니다. 하나님인지, 아니면 하나님이 만드신 그 무엇인지."

성경은 성 문제에 대해 반복해서 말한다. 그러나 교회에서는 이 부분을 대놓고 다루지 않는다. 돈에 관한 주제 역시 그만큼 쉬쉬한다. 성경에 분명히 나오는 데도 특히 이 주제를 꺼리는 이유는 명확하다. 두 가지 때문이다.

첫 번째 이유는 치부를 들키기 싫어서다. 실제로는 하나님보다 돈을 더 사랑하지만, 겉으로는 아닌 척하고 있어서다. 이런 모습은 비단 오늘만의 이야기가 아니다. 예수님 시대에도 그랬다. 2천 년 전 예수님이 돈에 대해 말씀하셨을 때, 사람들은 그 말씀들을 환영하지 않았다. 오히려 예수님을 비웃었다. 예수님의 말씀이 틀려서가 아니었다. 듣는 이들의 마음에 돈 사랑이 가득해서였다.

그 모습을 성경은 이렇게 증거한다.

바리새인들은 돈을 좋아하는 자들이라 이 모든 것을 듣고 비웃거늘 눅 16:14

그때나 지금이나 죄인의 속성은 크게 다르지 않다. 돈을 사랑하는 사람들은 성경적으로 돈을 다루는 이야기를 싫어한다. 차라리 "나는 하나님보다 돈을 더 사랑합니다"라고 죄를 고백하면 오히려 성경적이다(잠 28:13). 하지만 신앙 사회에서는 그랬다가 불쌍히 여김을 받기보다 정죄 당하기 쉽다. 같은 죄를 짓는 사람들이 너무 많아서 그렇다. 진짜 성 문제랑 비슷하다.

사람은 사회적 동물이라 자신이 속한 문화 코드에 어느 정도는 순응한다. 모두가 감추는 것은 나도 감춘다. 세상에서도 돈을 사랑한다고 말하면 욕먹기 쉬운데, 기독교 사회에서 돈 사랑을 드러내기란 더더욱 어렵다. 그래서 이중성을 띤다. 속으로는 돈을 숭배하지만, 겉으로는 하나님만 높이는 척한다. 그런 사람에게 성경 말씀으로 돈에 대한 이야기를 하면 불편, 아니 불쾌해한다. 더욱 진심을 숨긴다. 말씀의 진리는 빛과 같고, 숨은 죄는 칠흑 같다. 어둠이 빛을 좋아할 리 없다.

그렇다면 이런 이중적 태도를 취하지 않는 사람들은 다를까? 아니다. 그들 역시 돈 이야기를 꺼린다. 돈이 거룩하지 않은 것이라고 생각하기 때문이다. 돈에 대한 오해, 이것이 돈 이야기를 꺼리는 두 번째 이유다. 이것은 단지 몇몇 사람들의 이야기가 아니다.

대부분의 크리스천이 돈이 악하다고 믿는다. 물론 이것이 성경적인 진실은 아니다. 돈에 대한 좋은 경험이 거의 없는 세상이 준 거짓말이다. 말씀은 우리의 경험과 다른 이야기를 한다. '돈'이 악한 것이 아니라 '돈을 사랑함'이 악이라고. 진짜다. 성경에서 그 구절을 찾아 '돈을 사랑함'이라는 문구에 동그라미를 그려보자.

돈을 사랑함이 일만 악의 뿌리가 되나니 이것을 탐내는 자들은 미혹을 받아 믿음에서 떠나 많은 근심으로써 자기를 찔렀도다

딤전 6:10

그런데 이렇게 말하면 단골로 등장하는 질문이 있다. 예수

님이 "낙타가 바늘귀로 나가는 것이 부자가 하나님의 나라에 들어가는 것보다 쉬우니라"(막 10:25)라고 말씀하시지 않았냐는 것이다. 맞다. 이 구절은 틀림없이 예수님의 말씀이다. 영원토록 변함없을 하나님의 음성이다. 하지만 이 질문을 던지는 사람은 반드시 전체를 다 하나님의 말씀으로 받아야 한다. 적어도 이 구절이 속한 장이라도 다 읽고 질문해야 한다. 이 말씀의 다음 구절은 이렇다.

> 예수께서 그들을 보시며 이르시되 사람으로는 할 수 없으되 하나님으로는 그렇지 아니하니 하나님으로서는 다 하실 수 있느니라 막 10:27

해당 구절이 속한 10장 전체의 핵심은 '구원'에 있다. 부자뿐 아니라 가난한 자든 중산층이든, 그 누구라도 천국에 갈 자가 없다는 것이 맥락이다. 그러나 하나님께서는 예수님을 통해 죄인 중 누구라도 구원할 능력이 있으시다는 것이 이 말씀의 결론이다.

이렇게 설명하면 질문자는 대부분 그럴 리 없다며 그냥 떠난다. 내가 성경을 잘못 해석하는 것이라고 주장하기도 한다. 하지만 아니다. 그저 장 전체를 읽는 수준에서 요약했을 뿐, 해석은 아직 시작하지도 않았다.

죄인은 눈이 있어도 보지 못하고 귀가 있어도 듣지 못한다 (시 135:15-18). 그들은 보고 싶은 것만 선택한 후, 자기 멋대로 곡해한다. 자기가 하고 싶은 이야기를 하려고 성경 구절을 인용하는 사람들은 많고도 많다. 그런 사람들은 전체적인 흐름을 무시한다. 그들의 입에는 말씀을 전하기 위한 '순수'가 없다. 단지 자신의 개똥철학을 이야기하기 위해 말씀의 일부를 도용하는 '이중성'이 있을 뿐이다.

예수님 시대에도 그랬다. 그분의 제자들을 포함해서 군중도 순수하지 않았다. 저마다 듣고 싶은 것들이 있었고, 그와 다른 말씀을 하시면 예수님을 배척했다(요 1:10,11).

성경이 말하는 돈

그렇다면, 성경은 돈에 대해 어떻게 말하는가? 나는 이 문제에 답하기 위해 아래와 같은 6단계의 작업을 거쳤다.

1단계, 먼저 돈에 관련된 성구들을 찾아보았다.

2단계, 각 구절의 전체 맥락을 살폈다.

3단계, 관계 있는 부분들을 서로 연결했다.

4단계, 돈 문제로 어려움을 겪는 이들을 상담했던 내용을 주제별로 분류했다.

5단계, 보다 보편적으로 나눌 수 있도록 원리화해서 나열했다.

6단계, 나열된 원리들을 말이 되도록 재배열했다.

그 결과 다음과 같은 10개의 원리로 정리할 수 있었다.

1원리, 하나님을 경외하는 사람에게 부가 따라온다.

2원리, 하나님은 모든 부를 이미 나에게 맡기셨다.

3원리, 하나님을 사랑하지 않으면 돈을 사랑하게 된다.

4원리, 돈은 지배와 이용의 대상이다.

5원리, 하나님은 재물 얻을 능력을 주셨다.

6원리, 가난한 자라도 경작하면 부하게 된다.

7원리, 부지런히 수고하는 자에게 부가 따라온다.

8원리, 돈은 그 용도를 아는 사람을 따라온다.

9원리, 부는 4대까지 물려줄 산업을 하는 사람에게 온다.

10원리, 부는 소유가 아니라 영향력이다.

여기까지 진행하는 데 2년이 걸렸고, 그 사이 내 신앙은 큰 변화를 겪으며 또 한 단계 성장했다. 청지기로서 내가 얼마나 많은 것을 받았는지를 깨달으며 놀랐고, 그에 걸맞지 않은 내 무지와 게으름에도 놀랐다.

이전까지 나는 주어진 재정을 내가 사용하든 다른 사람을 돕는 데 사용하든 항상 '0'(제로)으로 만들어버리는 몹쓸 패턴을 반복하고 있었다. 그것이 만든 가난은 거룩한 것이 아니었다. '돈은 악하다'라는 식의 잘못된 지식에서 나온 게으른 일상이었다.

나는 청지기로서의 삶을 다시 한번 시작하기로 선언하며 회개했다. 하나님이 다양한 방법으로 주신 재정들을 모두 소비해버렸던 씀씀이부터 돌이켰다. 아무리 적은 금액이라도 하나님께서 내게 맡겨주신 소중한 것으로 여기며 돈을 관리하기 시작했다.

그리고 나서 주변을 둘러보니, 나와 같이 재정 문제로 어려움을 겪고 있는 사람이 한둘이 아니었다. 세상도 몸살을 겪고 있었다. 이제는 내가 받은 것을 나눠줄 차례였다.

말씀 해법을 들고

선교적 교회의 개척 현장에서 많은 사람들을 접하면서 사탄의 세력이 맘몬 우상화를 교묘하고도 끈질기게 진행하고 있음을 보고 있다. 이후에 다시 설명하겠지만, 맘몬은 가난한 자나 부자를 가리지 않는다. 사람은 모두 돈 문제에 취약하기에, 가난이 거룩을 보장하는 것도 아니고 부자만 맘몬의 지배를 받는 것도 아니다.

우리는 살아가는 동안 돈 문제를 피해갈 수 없다. 목회 현장에서는 특히나 더, 매일 직면하는 과제다. 설사 내게 특별한 일이 생기지 않을 때도 마찬가지다. 성도는 서로 연결되어 있기에 교인 중 누군가에게 어떤 식으로든 돈 문제가 생기면 그것은 곧 나의 영적 책임이자 고민이 된다.

세상의 돈 문제는 넓고도 다양한데 목사인 나의 경험은 좁기만 하다. 일일이 해법을 제안하기가 어렵다. 그러나 목사는 성경 전문가가 아닌가! 말씀의 원리를 보이며 열매보다 뿌리의 변화를 촉구하는 사람이다.

성경은 창조주 하나님의 말씀이다. 이것은 인생에 주어진 매뉴얼과도 같다. 여기에는 모든 문제에 대한 각종 해법의 씨앗이 들어 있다. 뿐만 아니라, 원리를 각자의 상황에 맞게 가져다 쓰며 해법을 만들어내는 지혜까지 주는 책이다.

그래서 일일이 쫓아다니며 돕는 것에 앞서 성경을 뒤져 원리들로 정리했다. 그리고 내가 먼저 실행해보고 다양한 책과 만남들로 검증도 거쳤다.

좋은 열매를 맺으려면 나무가 좋아야 한다. 모든 보이는 것에는 보이지 않는 뿌리가 있다. 돈이 보이는 것이라면 그

이면에는 부자 정체성이 있고, 이는 앞에서 언급한 10가지 원리대로 작동한다. 그러니 나는 이제 이 원리들을 확정하려 한다.

2장

떠돌이 목수 vs 금융전문가

돈을 이야기하시다

성경으로 돈 이야기를 하기에 앞서 한 가지 나눌 이야기가 있다. 나는 성공한 기업가나 탁월한 부자가 아니지만, 그럼에도 누구보다 더 돈의 성경적 원리들을 밝히고 전해야 하는 사람이란 점이다. 앞에서도 말했듯이 나는 목사이기에 그렇다. 나 자신이 예수님을 따르고, 또한 다른 이들로 예수님을 따르게 하는 것이 내 일이다. 만약 돈 문제로 누군가 예수님을 따르는 데 어려움을 겪는다면, 그것은 내 일이 된다. 그래서 나는 예수님의 돈 이야기를 먼저 나누고 싶다.

예수님을 보라. 그분 역시 돈 이야기를 반복하셨다. 그중 하나가 누가복음 16장에 나온다. 당시의 종교지도자들은 예수님의 돈 이야기를 비웃었다. 앞에서 봤듯이, 그 이유는 그들이 돈을 사랑했기 때문이다(눅 16:14).

바리새인들의 이중장부

당시 종교 국가였던 유대 국민이 내는 세금은 순수하지 않았다. 세금 시스템 자체가 이미 이중적이었다. 하나는 로마의 수하들이 걷어가는 것이었고, 다른 하나는 유대교를 위해 조상 대대로 내왔던 각종 헌금의 의무적인 이행이었다.

바리새인들은 둘 다에 관여했다. 금액 자체에 대해서만 아니라 영향력에 있어서도, 그들은 정치와 경제를 통합 운영하는 큰손 집단이었다. 말하자면 돈에 대해서 누구보다 일가견을 가지고 있었다. 그들은 종교인이자 정치가, 그리고 돈 전문가였다.

그 전문가들이 보기에 예수님은 아무것도 아니었다. 굳이 이력을 보자면, 듣보잡 자영업자였다가 지금은 떠돌이 프리랜서 목수 총각이었다. 그런 이가 계속 돈에 대한 이야기를 해댔고, 사람들은 이상하리만치 열광했다. 바리새인들과 돈 문제로 직접 부딪히기 전까지 예수님이 하셨던 돈과 관련된 이야기만도 한가득이다. 누가복음 4장부터 7장까지만 해도 큰 흉년과 과부 이야기, 물고기 이야기, 모세가 명한 예물 이야기, 새

포도주와 낡은 부대 이야기, 먹어서는 안 되는 진설병 이야기, 복과 저주 이야기, 원수 구제 이야기, 오백 데나리온 빚진 자의 이야기, 향유 옥합의 가치등이 있다.

그러다 누가복음 16장에서는 불의의 재물로 친구를 사귄 청지기 이야기를 꺼내셨다(눅 16:1-13). 여기 등장하는 청지기는 이중장부를 썼다. 주인을 속이고 자기 실속을 챙겼다. 그들의 이름은 다름 아닌 '이 세대의 아들들'이었다(눅 16:8).

바리새인들의 임무를 보라. 그들은 본래 하나님의 백성을 맡은 청지기였다. 문제는 그들이 두 주인을 섬긴다는 것이었다(눅 16:13). 그들은 겉으로도 이중적이었고 속으로도 이중적이었다. 그들은 유대 나라의 하나님과 로마의 정치 제도를 동시에 섬겼다. 하나님의 법을 운운하며 헌금을 세금처럼 걷어갔고, 동시에 로마가 털어가는 세금에는 침묵으로 지지했다. 그들 속에 숨겨진 이중성은 이보다 더 어두웠다. 그들의 다른 이름은 '돈을 사랑하는 자들'이었다. 그 중심에는 하나님도, 로마도 없었다. 다만 돈이 있을 뿐이었다. 돈을 사랑했기에 철저했다. 그들의 이중장부는 자신들을 위한 것이었다.

비전문가 제자들

예수님은 제자들에게 이중적인 바리새인들의 모습을 보여주셨다. 그리고 물으셨다.

> 너희가 만일 불의한 재물에도 충성하지 아니하면 누가 참된 것으로 너희에게 맡기겠느냐 눅 16:11

질문은 제자들을 향해 던져졌으나, 정작 뜨끔했을 이들은 바리새인들이었다. 예수님은 이중적인 바리새인들 앞에서 이중적인 질문을 던지신 것이다.

그렇다면 제자들의 입장에서 예수님의 말씀을 살펴보자. 주님은 비유를 통해 제자들에게 돈에 대한 중요한 관점을 전해주셨다. 영원하지 않은 '없어질 재물'에 있어서 그들보다 더 지혜로워야 한다는 것이었다(눅 16:8,9).

이 비유는 언뜻 이해가 가지 않는다. 불의한 일을 칭찬하는 듯 보여서다. 그러나 바리새인들은 쉽게 이해할 수 있는 이야기였다. 문제는 제자들이었다. (마태를 제외한다면) 돈에 문외한인 비전문가 제자들에게, 예수님은 돈을 제대로 관리하는 태도를 요구하고 계셨다.

두 주인을 섬긴 유대인들

군중의 마음은 어떠했을까? 말씀을 함께 듣고 있던 대부분의 유대인들은 세금 시스템에 비판적이었다. 특히 바리새인들의 이중장부에 대해 분노했다. 화가 난 사람들 중에는 정치적인 전복을 꾀하는 집단도 있었다.

하지만 예수님의 눈에는 불의한 자들이나 이들에 대해 화내는 자들이나 도긴개긴이었다. 악인의 형통에 대한 분노와 그들을 부러워하는 마음은 한통속이었다(잠 24:19). 미움이나 살인이나 모두 죄인 것처럼(요일 3:15). 간음하는 눈길이나 실제 간음이나 둘 다 간음인 것처럼(마 5:28). 마찬가지다. 바리새인들이 돈을 사랑하는 태도에 분노하는 사람들도 결국 돈을 사랑하는 자들이었고, 두 주인을 섬기는 자들이었다. 예수님은 이렇게 말씀하셨다.

집 하인이 두 주인을 섬길 수 없나니 혹 이를 미워하고 저를 사랑하거나 혹 이를 중히 여기고 저를 경히 여길 것임이니라 너희는 하나님과 재물을 겸하여 섬길 수 없느니라 눅 16:13

오늘을 사는 우리

역사는 반복되고, 성경은 오늘날 우리 안에서도 현재진행형이다. 우리는 자주 '두 주인을 섬기지 말라'는 문제를 가난한 자와 부자의 대결 구도쯤으로 전락시켜버린다. 하지만 그것은 전부가 아니다.

돈은 무조건 문제가 되니 아예 가난하기로 선택한 사람들이 있다. 이런 이들은 있는 대로 다 소비해버리는 경제 시스템을 가동시킨다. 매월 얼마의 수익이 있든, 그것을 매번 제로로 만들면서 말씀대로 산다고 착각한다.

같은 논리를 다른 내용에 대입해보면 이해가 쉬울 것이다. 부모가 이혼하는 걸 보고 자기는 결혼하지 않겠다는 청년, 교회에 대한 부정적인 뉴스를 보고 예수님을 떠나겠다는 성도를 생각해보라.

돈의 액수는 문제가 아니다. 진짜 문제는 마음이다. 오염된 경험이 마음에 상처로 작용하며 말씀의 진리를 가로막으면 문제가 된다.

있는 그대로 듣기

"하나님과 재물을 겸하여 섬길 수 없다"라는 말씀 자체는 전혀 어렵지 않다. 말씀 그대로다. 하나님과 재물은 함께 섬길 수 없다. 단순하다. 오해의 여지가 없다. 그러나 많은 경우 순수하지 않은 마음으로 이를 곡해한다. 대부분은 들은 대로 받아들이지 못한다. 좌로나 우로 치우친다(잠 4:27). 우로 치우친 사람들은 '겸하여' 섬길 수 없으니 아예 재물은 생기는 족족 다 없애자고 주장한다. 반면 좌로 치우친 이들은 재물을 섬기기 위해 하나님을 적당히 이용하며 둥글게 둥글게 살자 한다.

우리는 말씀을 있는 그대로 볼 만큼 순수하지 않다. 오늘날 크리스천들이라고 말하는 많은 이들도 예수님 당시의 바리새인들이나 유대인들과 크게 다르지 않다. 재물을 섬기고 있으면서도 이중적 태도로 아닌 척하거나, 아예 대놓고 하나님보다 가난이나 부에 더 신경을 쓰기도 한다. 돈 때문에 하루에도 열두 번씩 일희일비하는 모습 역시 재물을 하나님보다 더 섬기는 모습이다.

우리는 그리스도의 군사다(딤후 2:3). 군인의 미덕은 명령 해석이 아닌 복종 액션이다. 명령을 들었다면, 들은 대로만 따르면 된다. 하나님과 재물을 겸하여 섬기지 말라는 말씀은 명령형이다. 그 말씀대로 따르면 성공이다. 성경에는 가지고 있는 재물을 다 소진하라거나 하나님을 이용해서 부를 축적하라는 말씀은 없다. 가난해야 천국 간다는 말씀도 없다.

누가복음 16장에서 돈에 대한 예수님의 말씀은 분명하다. 하나님을 최고로 섬기며, 돈을 잘 이용하면 된다. 불의한 청지기를 뛰어넘는 지혜로 주어진 재물을 잘 관리하면 된다. 불의한 청지기 비유에 따르면, 돈에 대한 책임은 제자들에게 있다. 예수님을 따른다면 당신도 이에 순종할 의무가 있다. 당신은 '불의의 재물'일지라도 하나님의 나라와 하나님의 의를 위해 재배치해야 하는 소명을 가졌다.

이제 정말 시작이다. 우리는 왜 성경으로 돈 이야기를 해야 하는지 살펴보았다. 그렇다면 예수님이 돈에 대해 어떻게 말씀하셨는지 성경을 묵상함으로 시작해보자. 이유를 알았으니 실행에 옮겨야 하지 않겠는가? 당신의 마음을 정리하고 출발선에 서라. 다음의 과정을 따라가며 말씀을 묵상함으로 마음의 엔진에 시동을 걸어라.

첫째, 맥락 살펴보기

둘째, 해당 챕터 반복 읽기

셋째, 의미 생각해보기

넷째, 적용점을 기도제목 형태로 적어보기

이 과정을 통해 지금부터 10주 동안 이 책을 읽어나가며 성
경이 말하는 10가지 부의 원리를 받아들일 준비를 하라. 성
경이 말씀하시는 바를 넉넉히 담을 수 있도록 마음 그릇을
충분히 넓혀두라.

1. 너그러움을 가지라

네게 구하는 자에게 주며 네게 꾸고자 하는 자에게 거절하지 말라

마 5:42

2. 구제를 자랑하지 말라

그러므로 구제할 때에 외식하는 자가 사람에게서 영광을 받으려
고 회당과 거리에서 하는 것같이 너희 앞에 나팔을 불지 말라 진
실로 너희에게 이르노니 그들은 자기 상을 이미 받았느니라 마 6:2

3. 돈을 하늘에 쌓아라

오직 너희를 위하여 보물을 하늘에 쌓아 두라 거기는 좀이나 동
록이 해하지 못하며 도둑이 구멍을 뚫지도 못하고 도둑질도 못
하느니라 마 6:20

4. 나와 너를 위해 행하라

그러나 우리가 그들이 실족하지 않게 하기 위하여 네가 바다에 가서 낚시를 던져 먼저 오르는 고기를 가져 입을 열면 돈 한 세겔을 얻을 것이니 가져다가 나와 너를 위하여 주라 하시니라 **마 17:27**

5. 돈에 대한 염려는 영성 킬러이다

가시떨기에 뿌려졌다는 것은 말씀을 들으나 세상의 염려와 재물의 유혹에 말씀이 막혀 결실하지 못하는 자요 **마 13:22**

6. 돈에 대해 염려하는 자는 예수님을 따르지 않는다

그 청년이 재물이 많으므로 이 말씀을 듣고 근심하며 가니라 **마 19:22**

7. 돈에 대한 이중 잣대에 속지 말라

이르되 가이사의 것이니이다 이에 이르시되 그런즉 가이사의 것은 가이사에게, 하나님의 것은 하나님께 바치라 하시니 **마 22:21**

8. 돈은 세속적인 것이라며 무시하는 태도는 잘못이다

너희가 만일 불의한 재물에도 충성하지 아니하면 누가 참된 것으로 너희에게 맡기겠느냐 **눅 16:11**

9. 돈에 대해 세상보다 더 지혜 없는 사람은 돈을 하나님처럼 섬긴다

집 하인이 두 주인을 섬길 수 없나니 혹 이를 미워하고 저를 사랑하거나 혹 이를 중히 여기고 저를 경히 여길 것임이니라 너희는 하나님과 재물을 겸하여 섬길 수 없느니라 눅 16:13

10. 진정한 회개는 지갑의 회개를 포함한다

삭개오가 서서 주께 여짜오되 주여 보시옵소서 내 소유의 절반을 가난한 자들에게 주겠사오며 만일 누구의 것을 속여 빼앗은 일이 있으면 네 갑절이나 갚겠나이다 예수께서 이르시되 오늘 구원이 이 집에 이르렀으니 이 사람도 아브라함의 자손임이로다 눅 19:8,9

11. 선교적 교회 개척자의 부탁이 있다

범사에 여러분에게 모본을 보여준 바와 같이 수고하여 약한 사람들을 돕고 또 주 예수께서 친히 말씀하신 바 주는 것이 받는 것보다 복이 있다 하심을 기억하여야 할지니라 행 20:35

12. 많은 소유에 대한 자부심은 영적 빈곤을 깨닫지 못하게 한다

네가 말하기를 나는 부자라 부요하여 부족한 것이 없다 하나 네 곤고한 것과 가련한 것과 가난한 것과 눈 먼 것과 벌거벗은 것을 알지 못하는도다 **계 3:17**

성경이 말하는 10가지 부의 원리

PART

2

성경이 말하는
10가지
부의 원리

하나님을 경외하는 사람에게 부가 따라온다

인간이 하나님을 좇아야만 한다. 눈에 보이지 않는 하나님의 이 끄심을 하나님이 주시는 것으로 깨닫는 경험이 되려면 우리 측에서 보이는 긍정적인 반응이 있어야 한다. – A. W. 토저

부에는 부의 법칙이 있다

당신이 누군가와 바둑을 둔다면 바둑의 규칙을 따라야 한다. 기본적으로는 흑과 백이 교대로 한 수씩, 그리고 가로 세로로 그어진 줄의 교차점 어딘가에 바둑돌을 올려두어야 한다. 만약 당신이 룰을 무시하고 혼자만 두세 번 먼저 둔다면? 혹은 교차점이 아닌 네모 칸 안에 돌을 쏙 집어넣는다면? 그렇게 되면 바둑을 두는 행위는 무의미하거나 허무해질 것이다.

바둑만큼이나 부 역시 규칙을 따라야 한다. 성경 매뉴얼에 다 나온다. 부의 규칙, 혹은 원리는 간단하다. 먼저, "하나님이 태초에 천지를 창조하셨다"라는 말씀을 기억해야 한다(창 1:1). 즉, 이 세상 모든 것들의 출처는 하나님이시다. 이 세계는 창조주의 자연법칙에 따라 움직이며, 부 역시 하나님이 지으신 세상의 한 부분에 불과하기에(대상 29:12) 하나님의 규칙들을 따른다.

나는 성경을 펼쳐 들고 부의 원리를 10가지로 정리해보았다. 그중 첫 번째는 단연, '하나님을 경외함'이다. 이것은 뒤에 등장할 9개의 또 다른 원리들의 기초이자 거의 전부다. 또한 부를 올바로 기능하게 만드는 힘이다.

부의 원천은 하나님이시다

이번에는 바둑돌을 치우고 핸드폰을 꺼내보자. 그리고 배터리 잔량이 얼마나 남았는지 확인해보라. 핸드폰이 작동될 수 있을 만큼 충분한가? 혹시 1퍼센트만 남아 경고등이 들어와 있다면 어떻게 할 것인가?

나는 자주 충전을 잊는다. 꼭 하나님과 연결되기를 잊고 허덕이는 인생 같다. 특히 긴 하루를 보내고 퇴근이 늦어지는 날이면 어김없다. 밤새 충전하지 않은 핸드폰이 출근길에

꺼지면 여러 가지로 불편하다. 몇 번이나 충전하는 걸 기억하려 했지만 잘 안 되었다. 그래서 아예 휴대용 배터리를 들고 다니며 주로 이동할 때 충전을 한다. 그렇게 충전 중인 핸드폰을 바라보면 하나님과 겨우 연결되어 있는 인생을 보는 듯하다.

부에도 전원(power source)이 있다. 그것은 하나님을 경외함이다. 당신의 인생에서 부가 제대로 기능하려면, 창조주 하나님과 매번 연결되어야 한다. 이는 결코 뻔한 이야기로 무시할 수 있는 말이 아니다. 사실, 진리는 단순하고 쉽다. 에덴의 아담과 하와에게는 '선악과를 따먹으면 반드시 죽는다'라는 단순한 진리가 있었고, 지금의 우리에게는 '예수님을 믿어야만 산다'라는 쉬운 진리가 있다. 부의 진리도 복잡하지 않다. 하나님께서 만드신 부이니 그 원천 역시 하나님께 있다. 성경에 분명하게 기록되어 있다.

검손과 여호와를 경외함의 보상은 재물과 영광과 생명이니라 잠 22:4

경외감이란, 두려움과 사랑의 공존이다

우리가 하나님께 받은 사랑을 보라. 거기에는 독생자를 희생시킨 값이 매겨져 있다(롬 5:8). 이보다 더 큰 것은 세상에 존재하지 않는다(요 15:13). 이런 생각을 하면 복합적인 감정이 올라온다. 너무 큰 것을 받았기에 기쁘고 감사하지만, 같은 이유로 두렵고 떨린다. 받은 사랑 때문에 행복한 동시에 그 사랑을 주신 하나님께 걸맞게 말하고 행동하고자 조심스러워지기도 한다. 때로는 그 사랑 때문에 용기 있게 어리광도 피울 수 있지만, 어리광만 피우는 자리에 머물러 있을 수만도 없다.

예를 들어보자. 사람들은 매몰비용을 과대평가하는 경향이 있다. 물건을 사기 전에는 좋지 않다고 생각했던 것도 값을 치른 후에는 본전을 생각해서 이전보다 높은 가치를 매기는 식이다(잠 20:14). 데이트에 더 많은 비용을 쓴 쪽이 헤어지기 힘들어한다든지, 보상을 받는 일보다 아무 보상이 없는 일에 더 열심을 낸다든지, 이미 지불된 여행비용이 있을 때 여행지에서 더 만족스러워하는 식이다. 재물 있는 곳에 마음도 있다는 말씀처럼(눅 12:34).

하나님이 우리를 위해 지불하신 대가는 다름 아닌 예수님이시다. 그분을 떠올려보라. 그분은 곧 창조주이시다(골 1:15-17). 어떤 인생보다 위대하시고, 전 역사보다 크시며, 심지어 모든 우주의 합보다 가치 있는 존재이시다(고전 8:6; 빌 3:1-9). 그런데 하나님은 그분의 희생을 가격으로 지불하고 우리를 새로 구입하셨다(고전 6:19,20). 그로 인해 우리에게는 창조주께서 부여하신 새로운 가치가 매겨졌고, 이것은 누구도 물릴 수 없는 거래였다(롬 8:35).

우리는 하나님을 사랑한다. 그러나 순서가 있다. 하나님께 받은 사랑이 먼저다(요일 4:19). 그 매몰비용이 하나님께 어떤 가치가 있는지를 따져보면 숨이 막힐 지경이다. 그렇기에 그분에게 사랑받고, 또한 사랑을 드리는 관계는 쉽지도, 가볍지도 않다.

이러한 두려움과 사랑이 공존하는 '하나님 경외함'이 인간이 하나님을 대하는 기본 태도이며 올바른 자세다.

지혜는 우물 바깥에 있다

우물 안의 개구리에게 하늘은 한 뼘이다. 이러한 지각(sense)이 개구리에게는 참이겠지만 하늘의 입장에서는 거짓이다. 양측 모두에게 참이어야 진리다. 그런 의미에서 진리의 지식은 우물 바깥에 있다고 말할 수 있다. 이때 우물 안의 개구리가 진리를 알려면, 우물 벽을 기어오르는 한계 돌파를 믿음으로 반복해야 한다. 지각 경험과 참 지식에 대한 지혜는 이처럼 서로 다르다.

이에 대한 예를 몇 가지 생각해보자. 먼저, 어떤 성구를 암

송해서 머릿속에 가지고 있다고 하자. 이것은 말씀 지식이 될 것이다. 하지만 그 지식을 실제로 삶의 현장에 스스로 적용해서 실행하기를 지속하지 않는다면 그 지식은 결코 지혜가 될 수 없다. 또한, 어떤 탁월한 기술이나 기능에 대한 지식이 있다 해도 적당히 먹고 살 정도로만 사용한다면, 그것은 지혜가 될 수 없다. 지식이 지혜가 되려면 자기 한계를 넘어서는 도전을 반복해야 한다.

히브리서에 등장하는 믿음의 인물들을 보라. 노아는 '아직 보이지 않는 일에 경고하심을 받아' 전혀 모르는 일을 진행했다(히 11:7). 아브라함은 본토, 친척, 아비의 집을 떠나는 믿음의 여정을 걸었다(히 11:8). 이삭은 아직 자신이 경험하지 못한 미래의 일에 대해 선언했다(히 11:20). 이들은 한결같이 익숙한 일에서 떠났다. 익숙하지 않은 일에 믿음으로 도전하기를 반복했고, 그들은 지혜를 얻었다.

진리는 감추어져 있지 않다(잠 1:20; 8:2). 누구나 저마다의 지각으로 받아들일 수 있다. 하지만 이것이 그에게 진리가 되려면 반드시 스스로 사용해봐야 한다. 우리의 손에 한글로 기록된 하나님의 말씀, 성경이 들려져 있다 해도 그 말씀들을 실제로 사용하지 않으면 허사다. 말씀에 기록된 진리대로 순종을 반복하려면 자기 한계를 뛰어넘으려는 사고의 전

환이 필요하다. 동시에 '자기 경험'이라는 우물 벽을 끝까지 기어오르려는 동기와 힘도 있어야 한다. 이들 모두는 죄인인 인간 안에 있지 않다(롬 3:10). 죄인이 죄인 바깥으로 나가야 한다.

그렇다면 우물 벽을 기어올라갈 동기와 힘은 어디서 오는가? 한계를 뛰어넘는 역동은 한계를 뛰어넘는 생각과 관점에서 온다. 이를 가능케 하는 것이 '하나님을 경외함'이다. 지혜의 본체 되신 예수 그리스도를 향한 두려움과 사랑을 가진 사람은 우물 안에만 갇혀 있을 수 없다. 진리를 주시는 이와 올바른 관계, '경외'가 있는 사람에게는 믿음 액션이 생긴다. 그는 끝내 우물 벽을 기어올라 지혜까지 도달한다.

"우물 바깥 하늘이 내 눈에는 한 뼘으로 보인다. 그러나 참 지식은 이보다 크다. 내 지각을 훨씬 초월한다!"

이런 류의 지식은 우물 안에 없다. 우물 바깥의 존재에게서 받아야만 얻을 수 있는 지식이다.

지혜가 부의 길로 안내한다

하나님께 '우물 밖의 것'을 구했던 인물이 있다. 구약의 솔로몬 왕이다. 창조주께서 그에게 물으셨다.

"무엇을 줄꼬? 너는 구하라"(왕상 3:5).

솔로몬에게 무엇이든 얻을 수 있는 은혜가 거저 주어졌다. 이제 그에게는 대답할 일만 남았다. 무엇이든 다 구할 수 있는 기회였다. 지상 최강의 군대와 무기, 세상의 모든 황금, 탁월한 외교력, 영원한 생명, 무병장수하는 인생, 세계적인 명예와 영광…. 구하려고만 했다면 끝도 없었을 것이었다.

그러나 솔로몬은 이들 중 아무것도 구하지 않았다. 딱 하나, '지혜'만 구했다(왕상 3:9). 그러자 나머지가 따라왔다. 말하자면, 지혜가 다른 모든 것을 가능케 하는 한 가지였다(왕상 3:10-13). 이후로 솔로몬만 한 부와 영예를 누렸던 왕은 없었다. 솔로몬은 지혜를 구할 만큼 지혜로웠다.

그때나 지금이나 원리는 같다. 지혜가 부를 낸다. 솔로몬과 당신 사이에는 적어도 세 가지의 공통점들이 있다.

첫째, 우리는 모두 은혜를 입은 죄인이다. 솔로몬은 이름뿐인 신앙을 갖고 있었다. 하나님을 사랑했으나, 하나님만 사랑하지는 않았다(왕상 3:3). 그럼에도 하나님은 그에게 은혜를 베푸셔서 그를 왕위에 앉게 하셨다(왕상 3:6).

우리의 모습도 그렇지 않은가? '성도'라는 이름은 가졌지만, 실제로는 '달삼쓰뱉' 신앙인 경우가 많다. 하나님의 말씀 모두에 반응하지 않는 모습만 봐도 그렇다. 위로가 필요할 때는 '달'콤하게 '삼'키고, 복종이 필요할 때는 '쓰'다며 '뱉'어낸다. 후회는 하지만 피 흘리기까지 죄와 싸우지는 않으며, 열심은 있으나 처음 사랑은 버린 경우도 허다하다(히 12:4; 계 2:4). 그럼에도 죽지 않고 살아서 창조주의 자녀 자격까지 가진다(요 1:12). 예수님 덕분이다.

둘째, 우리는 기도할 은혜를 입은 죄인이다. 솔로몬은 기도의 특권을 얻었지만, 이것은 그가 거룩해서가 아니었다. 다만 하나님의 선택과 은혜 때문이었다(삼하 7:13-15; 왕상 3:6). 신약 교회의 성도들에게도 하나님은 왕 같은 제사장의 자격을 주셨다(벧전 2:9). 심지어 '무엇이든' 구하고 얻을 수 있는 은혜를 입었다(요 16:24; 요일 5:14). 예수님 때문이다.

셋째, 우리는 모두 지혜를 구하는 죄인이다. 지혜롭고 총명한 마음을 구하던 솔로몬 왕과 우리에게는 서로 닮은 구석이 있다. 솔로몬처럼 크리스천에게도 지혜가 함께 계신다(고전 1:30). 지혜의 본체 되신 분이 우리와 함께 사신다. 솔로몬이 지혜를 기도했을 때 그 외의 것들도 주셨던 것처럼, 우리도 예수님을 구할 때 그 외의 것들을 얻을 수 있다. 참된 지혜이신 예수님을 얻고 더욱 그분의 뜻에 집중할 때 나머지를 더해주신다.

그런즉 너희는 먼저 그의 나라와 그의 의를 구하라 그리하면 이

잠언에 의하면 지혜는 곧 하나님을 경외함이다(잠 1:7; 3:7; 9:10; 15:33). 하나님을 경외하는 자에게서는 부의 원리를 작동시키는 '지혜'가 나온다. 솔로몬에게나 우리에게나 동일한 진리다. 즉, '하나님을 경외함'의 동의어는 '겸손'이다. 하나님을 경외함이 지혜의 뿌리라는 것을 떠올려보면 겸손이 곧 지혜인 셈이다(잠 1:7). 겸손한 사람은 제멋대로 생각하거나 행동하지 않는다. 하나님의 뜻을 추구한다.

그렇다면 하나님을 경외함의 반대말은 무엇일까? 바로 교만이다. 교만하면 하나님을 함부로 대하게 되고, 하나님을 경외하는 대신 부 자체를 목적으로 추구하게 된다. 그러면 부를 얻고 말고를 떠나서 인생 자체를 망치게 된다(딤전 6:10). 교만은 미련하다(잠 14:3).

지혜 = 경외 ⟵⟶ **교만 = 미련함**

꼭 기억하자. 부는 하나님 경외함의 결과일 경우에만 안전하다.

그럼, 악한 부자는?

이런 논의에 흔히 등장하는 질문이 있다. '악한 부자'에 대한 것이다.

"그렇다면, 왜 하나님을 경외하지 않는 사람들 중에도 거부가 많은가요?"

이런 류의 질문은 부에 대한 오해에서 나온다. 진정한 부자는 그의 재물이 많은지 적은지로 결정되지 않는다. 부는 재력이 아니라 정체성이며, 인격이기 때문이다. 특징이며 영향력이기 때문이다.

성경에 나오는 거부들을 보라. 열국의 아비였던 아브라함, 고난보다 크신 하나님을 만났던 욥, 세상을 먹여 살린 요셉, 하나님께 세상 무엇이 아닌 지혜를 구할 정도로 지혜로웠던 솔로몬…. 이들은 재정적으로도 부요했지만, 그들이 부자였던 것은 단지 통장 잔액으로 결정된 게 아니다. 그들은 오히려 하나님을 경외하는 캐릭터가 강했다. 재물은 그 뒤를 따랐을 뿐이다. 잠언에는 다음과 같이 기록되어 있다.

> 의인의 집에는 많은 재물이 쌓이나, 악인의 소득은 고통을 가져온다 잠 15:6, 새번역

온 세상은 예나 지금이나 창조주께서 세우신 원리 위에서 작동 중이다. 창조주와 가까워질수록 인생은 제대로 작동하여 풍성해지며, 반대로 멀어질수록 그 기능을 잃는다(요 15:5). 전기를 예로 들어보자. 올바른 배선을 따라 흐르는 전류는 안전하지만, 그렇지 않으면 위험하다. 부를 올바로 기능하게 만드는 전력 배선도는 하나뿐이다. 하나님을 경외함이다. 경외의 길로 흐르는 부는 안전하지만, 그렇지 않은 부는 위험하다. 순서를 다시 한번 눈여겨보라.

겸손과 여호와를 경외함의 보상은 재물과 영광과 생명이니라

잠 22:4

경외가 먼저다. 재물은 그 뒤를 따른다. 앞뒤 순서를 바꾸면 망한다(잠 23:4,5). 올바른 순서를 따르는 것이 겸손이다. 하지만 교만은 이 순서를 무시하고 뒤집어버린다. 질서를 파괴하면 혼란과 만나게 된다.

교만이 가져오는 일

교만하면 어떤 일들이 일어나는가?

첫째로, 교만은 창조 질서를 파괴한다. 하나님 경외함의

반대말인 교만은 지혜를 망친다. 경외함이 맺은 열매들을 썩게 한다. 이 원리는 최초의 사람 아담에게서부터 드러났다. 세상을 창조하신 하나님은 피조세계에 자연법칙을 세우신, 질서의 하나님이시다(욥 38:4,5; 고전 14:33). 그분은 세상을 즉흥성이나 우연에 맡기지 않으시고, 우주 만물은 하나님의 질서에 따라 움직이며 하나님을 찬양한다(느 9:6).

만물을 하나님의 원리에 따라 움직이게 하는 동력원은 하나님의 생명력이다. 아담을 지으실 때를 보라. 그의 생명은 하나님의 '생기'로부터 비롯되었다(창 2:7). 창조주는 이 세상을 아담에게 맡기셨고(창 2:15), 이제 세상의 모든 부는 다 하나님의 것인 동시에 아담의 것이 되었다. 그는 하나님의 법칙대로 세상이 기능하도록 관리하기 시작했다. 중책이었다.

하지만 교만이 창조 질서를 파괴했다(창 3:5,17-19). 아담은 직책을 잃고 에덴에서도 쫓겨났다(창 3:22-24). 그 이후로 지금까지, 피조물은 질서의 회복을 고대하고 있다(롬 8:19).

둘째로, 교만은 메타 인지력을 파괴한다. 교만은 어린아이와 같다. 이기심으로 가득해 주변을 둘러볼 줄 모른다. 바울은 "아무 일에든지 다툼이나 허영으로 하지 말고 오직 겸손한 마음으로 각각 자기보다 남을 낫게 여기고"(빌 2:3)라고 했지만, 교만은 항상 '나!'를 주장하며 남을 낮춰본다. 교만은 타인에게만 아니라 하나님께마저 불순종하려는 높은 자의식이다. 이것은 때로 자기 연민으로 나타난다. 교만은 하나님의 눈으로 자신을 판단하는 거룩한 자존감을 파괴한다.

셋째로, 교만은 소명을 파괴한다. 이사야서에 등장하는 바벨론 왕을 보라. 그는 자기중심적인 것을 넘어 하나님보다 자신이 더 높은 자리에 있다고 주장했다. 교만의 다음 단계인 자기중심성은 하나님을 향한 월권(越權)을 낸다.

내가 하늘에 올라 하나님의 뭇 별 위에 내 자리를 높이리라 내가 북극 집회의 산 위에 앉으리라 사 14:13

넷째로, 교만은 하나님 사랑을 파괴한다. 교만하면 복음이 듣기 싫어진다. 하나님이 싫어하시는 질병인 교만은 사탄의 특성이며 전략이자 이 시대를 대변하는 현상이기도 하다 (롬 1:28-30; 사 14:12-15; 딤후 3:1,2).

교만과 겸손을 대조하여 말하자면, 겸손은 자신을 낮추지만 교만은 하나님을 낮춰 본다. 겸손은 자신의 지식을 신뢰하지 않지만, 교만은 하나님의 말씀을 우습게 여긴다. 겸손은 모든 것들로부터 배움을 얻으려 하지만, 교만은 감히 하나님마저 가르치려 든다. 겸손하면 자기 한계를 인정하며 하나님과 함께 쉼을 얻는 데 반해, 교만은 자신에 대한 과신으로 쉼이 없다. 겸손은 하나님을 사랑하게 하지만, 교만은 하나님을 미워하게 만든다.

다섯째로, 교만은 예배를 파괴한다. 교만의 마지막 지점은 자기애(自己愛)다. 이는 하나님보다 자기 자신을 더 섬기는 것으로, 자신을 향한 우상 숭배다. 다니엘 시대의 느부갓네살 왕을 보라. 그는 모든 업적을 자기 자신의 공로로 돌리며 자신을 찬양했다(단 4:30). 사무엘 시대의 사울 왕 역시 하나님을 무시하고 제멋대로 굴며 월권 행위를 서슴지 않았는데(삼상 13:1-23), 하나님은 이것이 '우상에게 절하는 죄'와 같다고 말씀하신다(삼상 15:22,23).

여섯째로, 교만은 화평을 파괴한다. 교만은 싸움을 부른다(잠 13:10). 손바닥도 마주쳐야 소리가 나듯이, 교만한 사람은 교만한 사람에게 반응한다. 이들은 서로를 향한 파괴적 경쟁자다. 각자 자기 자신만 사랑하니 일치할 수 없고, 돈을 사랑하며, 상대를 비방하고, 부모를 거역하며, 감사할 줄 모른다(딤후 3:2).

일곱째로, 교만은 소중한 것들을 모조리 파괴한다. 다니엘서 4장에서 느부갓네살 왕은 하나님의 엄중한 경고의 말씀을 들었다. 그러나 듣고도 행치 않았고 회개치도 않았다. 그저 자신을 높여 찬양했고, 하나님을 무시했다. 그 결과, 그는 왕위를 잃었다. 왕이 왕위를 잃으면 다 잃는 것이다. 교만하면 망한다. 교만하면 직위에서 내쳐진다. 가장 중요한 것을 잃으면, 남은 것들도 다 쓸모없어지는 법이다.

 조언

겸손한 척 굽신거리는 것이 겸손은 아니다. 마찬가지로 하나님을 무서워하기만 하는 것은 경외함이 아니다. 우리는 인과 관계의 오류에 주의해야 한다. 단지 부를 위한 겸손과 경외함이란 앞뒤가 맞지 않는다. 부는 결과다. 그러니 원인 그 자체를 추구하고, 결과로부터 자유로워야 한다. 그제야 순수한 동기가 생긴다.

순수로 가는 길은 단순하다. 돈이 아닌 하나님을 원인으로 대하는 것이다. 하나님을 목적으로 살며 겸손과 경외를 실행하면 된다. 그러면 모든 일이 예배가 될 것이다. 예배는 자기 머리 위로 하나님만 계시도록 하는 순수다. 내가 하나님께 무릎을 꿇으면 어느새 다른 것들이 내게 무릎 꿇는 것을 보게 될 것이다. 겸손과 경외를 하나님 때문에 실행하는 인생은 예배한다. 그는 순수하다.

요약

모든 자연계에 자연법칙이 있듯, 부에도 부의 법칙이 있다. 그 중심에

는 하나님을 경외함이 있다. 경외란, 하나님을 향한 거룩한 두려움과

사랑의 마음이다. 하나님을 경외할 때 지혜가 주어지며, 지혜가 부의

길로 안내한다. 경외함의 반대말은 교만이다. 교만은 부의 파괴자다.

2원리

하나님은 모든 부를
이미 나에게 맡기셨다

> 하나님의 공급하심과 밀접하게 연관되어 있는 것은 하나님의 소유권이다. 성경에서 소유에 대해 하나님의 절대권보다 더 분명한 것은 없다. _ 리처드 포스터

모든 것이 하나님의 것이다

나는 아빠다. 나에게는 딸이 둘 있다. 둘 다 너무 예뻐서 간혹 넋을 놓고 보곤 한다. 네 살 된 아이가 과자를 먹고 있으면 나는 가끔 이렇게 요청한다.

"아빠 한 입만."

아이는 사랑하는 아빠와 맛있는 과자 사이에서 한참 고민한다. 그러다가 용기를 끌어모아 아주 작은 조각을 하나 골라 건네준다.

아빠는 생각한다.

'과자는 내가 사준 건데. 하나를 건네도 여전히 수십 개가 남는데. 아니, 봉지째 주더라도 또 사줄 텐데. 별것 아닌 일로 고민하는 이 사랑스러운 모습을 좀 봐!'

작은 손으로 간신히 과자 한 조각을 건네는 아이의 모습이 귀여워서 아빠는 웃으며 또 요청한다.

"한 입만~."

우리는 헌금이나 구제를 할 때 종종 아이 같은 모습을 보인다. 아까워서 망설인다. 그럴 때는 다음 3가지 측면을 생각하자.

첫째, 하나님은 가난하지 않으시다. 일단, 우리가 얼마를 내든 그것은 하나님께는 아무것도 아닌 액수다. 지구 전체를 가져다드린다 해도, 온 우주의 주인이신 분께는 그저 작은 행성 한 개일 뿐이니까.

둘째, 나는 일부를 드리는 것이다. 가진 것의 100퍼센트나 200퍼센트를 드리는 일은 거의 없다. 대개 일부(10-30퍼센트 정도)를 드릴 뿐이다. 십일조를 예로 든다면, 드리고 나서도 90퍼센트가 남는다.

셋째, 드리지 않은 것도 하나님의 것이다. 즉, 드리지 않은 90퍼센트 역시 내 것이 아니라 창조주께 받은 것이다. 다만 위탁 관리 중이다. 처음부터 내 것은 전혀 없었다(욥 1:21).

이렇게 보면 무엇을 드린다는 것 자체가 거만한 말이 되고 만다. 원래 전부 하나님의 소유였으니 말이다.

하나님 소유의 크기는 광대하다

우리의 아빠는 창조주시다(롬 8:15). 그분은 우주 최강 부자시다. 모든 재화가 이미 전부 그분의 것이다. 나의 건강, 시간, 에너지, 경험, 부동산, 동산, 가족, 교회, 국가 등, 우리가 소유권을 주장하고 있는 어떤 것이든 실상은 그분에게서 온 선물이다(욥 41:11). 어느 것 하나 받지 않은 것이 전혀 없다(고전 4:7).

하나님의 소유가 얼마나 광대한지 생각해보라. 상상만으로도 경외감이 느껴진다.

여호와여 위대하심과 권능과 영광과 승리와 위엄이 다 주께 속하였사오니 천지에 있는 것이 다 주의 것이로소이다 여호와여 주권도 주께 속하였사오니 주는 높으사 만물의 머리이심이니이다

대상 29:11

천국을 기업으로 받은 사람들

다시 호흡을 가다듬고 우리가 그분께 '받은 것'을 계속 헤아려보라. 점점 더 놀라게 될 것이다. 우리가 직·간접적으로 사용하는 모든 것이 받은 것들이다. 그중 가장 가치 있는 한 가지를 떠올려보라.

하나님이 세상을 이처럼 사랑하사 독생자를 주셨으니 요 3:16

자그마치, 우리는 그분의 '독생자'를 받았다. 그분은 예수 그리스도시다! 하나님께서는 자신에게 가장 가치 있는 것을 우리에게 주셨다.

그렇다면 우리는 대체 얼마나 많이 받은 것인가? 그리스도의 가치를 돈으로 환산할 수 있을까? 그럴 수 없다. 일단, 그분은 인간이 값을 치르고 구입할 수 있는 존재가 아니시다(행 8:18-20). 그분은 하나님의 모든 것이시기에(요 10:30), 이 지구의 모든 황금을 다 모아 녹여도, 아니 모든 차원의 우주 에너지의 합조차도 그리스도보다는 싸구려일 뿐이다(골 1:15-19). 그분보다 더 가치 있는 재화란 존재하지 않는다.

돈은 수량화해서 표현할 수 있다. 만 원, 십만 원, 백만 원, 천만 원, 1억 원⋯. 그러나 예수님의 가치에는 어떤 숫자를 갖다 댄다 해도 터무니없이 적은 액수일 뿐이다. 그분이 얼마짜리인지를 굳이 말로 하려면 이건 어떨까? '그분은 하나님짜리시다'(요 10:30). 또한, 그분은 하나님 사랑의 증거가 되신다. 다른 표현으로 하자면 '하나님의 사랑짜리'시다. 우리는 결혼할 때 주로 고가의 반지나 시계를 주고받는다. 이는 두 사람이 서로를 얼마나 사랑하는지를 상징적으로 표현해준다. 하나님은 우리를 사랑하신다. 그분은 그 사랑을 값으로 우리에게 보여주셨다. 성경은 이렇게 말한다.

우리가 아직 죄인 되었을 때에 그리스도께서 우리를 위하여 죽으심으로 하나님께서 우리에 대한 자기의 사랑을 확증하셨느니라
롬 5:8

하나님은 곧 사랑이시다(요일 4:8). 그분은 우리에 대한 사랑을 그리스도를 주심으로 '확증'해주셨다. 결혼식에서 얼마짜리 예물을 주고받았든, 그것은 둘 사이의 사랑보다는 값싸다. 그렇기에 훗날 사정이 생겨 예물을 처분하게 된다 해도 그 이유만으로 둘의 사랑이 없어지지는 않을 것이다. 마찬가지다. 하나님의 사랑은 심지어 예수님의 가치보다 크다. 그분을 죽게 하시기까지 하신 사랑이다. 그런 비싼 것은

이 세계 어디에도 없다. 우리는 그 비싼 것을 받은 존재다. 크리스천은 정말, 다 가졌다.

> 자녀이면 또한 상속자 곧 하나님의 상속자요 그리스도와 함께한
> 상속자니 **롬 8:17**

창조주의 재산 관리자

예수님은 우리를 거룩한 청지기로 임명하셨다(눅 16:1-13). 다른 말로 요약하자면, 예수님의 사람은 불의의 재물을 가져다가 하나님의 나라와 하나님의 의를 위하여 재배치하는 자다. 세상에서 똑같이 돈을 벌더라도 세상과는 다른 주인을 섬기는 사람들이다(눅 16:13).

청지기는 독특한 계급이었다. 신약 시대에는 네 개의 계급이 존재했는데, 주인, 종, 노예, 그리고 일꾼이었다. 여기서 '청지기'에 해당하는 사람들은 엄밀히 말해 '종'의 신분이었다. 그들은 자신이 누구에게 속했는지를 상징하는 피어싱이나 문신을 몸에 새기고 다녔다. 또는 주인을 나타내는 유니폼을 입고 있었다. 이들에게는 퇴근이나 월급, 자기 소유란 것이 없었다. 모든 것은 주인의 소유였다.

설명을 위해 종, 즉 청지기의 특징을 세 가지만 소개한다.

첫째, 신뢰다. 청지기는 일꾼이나 노예 계급과 달랐다. 차이는 신뢰와 자발성에 있었다(눅 17:10). 청지기들은 주인이 믿었던 사람들로, 집안의 가장 중요한 일들을 도맡아 처리했다. 때로는 주인의 아들을 지도하거나 가족(오이코스)의 일원이 되기도 했다(잠 17:2). 당시의 청지기는 주인의 마음을 헤아려 스스로 일하는 고급 인력이었다.

우리도 이들과 같다. 하나님이 우리의 주인이시다(고전 6:19). 그러니 지금 얼마의 재화를 관리하고 있든, 그것은 모두 주인의 것이다. 우리의 통장에 얼마가 있든 그것은 하나님의 것이며, 그것 중 얼마를 어디에 사용하든 모두 주님의 뜻에 부합하는 방식으로 사용하는 사람이라는 말이다. 한마디로, 우리는 하나님의 청지기다.

둘째, 소유권이다. 성경 시대의 청지기들에게는 독특한 동료애가 있었다. 여러 지역에 영향력을 가지고 있는 주인 아래 있는 청지기의 경우를 떠올려보자. 같은 주인을 위해 일하는 그들은 다른 곳에서 만나더라도 서로를 알아볼 수 있었다. 옷이나 몸에 주인의 이름, 혹은 가문(오이코스)의 문양이 새겨져 있기 때문이었다. 이들은 서로를 알아보고 반가워했고, 생면부지의 관계일지라도 가진 것을 서로 통용했다. 같은 주인을 모셨으니 당연했다. 서로에게 얼마가 있든 모두 주인의 것이었으니까. 청지기들은 서로의 소유권에 대해 잘 알았다.

셋째, 권한이다. 청지기들은 서로 주인의 일을 잘하도록 격려하고 조언할 수 있었다. 신약 교회는 예수님을 '주님'으로, 자신들을 '종'으로 여겼다. 당시의 청지기 문화가 그대로 반영된 관점이었다. 영적 청지기였던 그들은 도처에서 동료를 만날 수 있었고, 서로를 격려했다. 흥미로운 점은 서로의 재물에 대해서도 권한을 행사했다는 것이다. 그들은 하나님의 뜻에 맞는 사용처에 재물을 사용하도록 서로에게 명할 수 있었다. 다음 말씀대로다.

네가 이 세대에서 부한 자들을 명하여 마음을 높이지 말고 정함이 없는 재물에 소망을 두지 말고 오직 우리에게 모든 것을 후히 주사 누리게 하시는 하나님께 두며 **딤전 6:17**

또한 청지기는 주인의 것들을 대신 경영한다. 인류 최초의 청지기는 아담이었다. 그는 모든 청지기들의 프로토타입 (prototype, 시제품)이다. 처음 사람 아담에게 주인께서 맡기신 임무는 '경작'하며 '지키는 것', 두 가지였다(창 2:15). 요즘 말로 하자면 '매니지먼트'다.

우리에게도 같은 책임이 있다. 하나님의 말씀에 위배되지 않도록 하나님의 세상, 모든 재물을 경작하며 지켜야 한다. 우리의 것은 모두 하나님의 것이기에, 내 것이나 네 것이나 소중히 여기며 잘 경영해야 한다. 이때 경영의 방향성은 분명하다. 주인의 뜻을 따르는 것이다. 청지기가 자기 마음대로 주인의 것들을 사용하면 월권이고 남용이 된다. 주인의 재물을 대리 경영할 때 가장 중요한 것은 주인의 마음이다. 종의 경영 목적은 분명하다.

청지기는 이윤을 남겨야 한다

마태복음 25장에는 위탁 경영자의 마음을 가장 잘 보여주는 이야기가 등장한다. '달란트 비유'로 알려진 이 이야기는 예수님의 천국 비유 중 한 부분으로, 주인과 청지기 사이의 대화가 등장한다. 잘 알고 있는 이야기지만, 처음 읽는다는 마음으로 찬찬히 살피며 다음 본문을 읽어보자.

14 또 어떤 사람이 타국에 갈 때 그 종들을 불러 자기 소유를 맡김과 같으니 15 각각 그 재능대로 한 사람에게는 금 다섯 달란트를, 한 사람에게는 두 달란트를, 한 사람에게는 한 달란트를 주고 떠났더니 16 다섯 달란트 받은 자는 바로 가서 그것으로 장사하여 또 다섯 달란트를 남기고 17 두 달란트 받은 자도 그같

이 하여 또 두 달란트를 남겼으되 18 한 달란트 받은 자는 가서 땅을 파고 그 주인의 돈을 감추어 두었더니 19 오랜 후에 그 종들의 주인이 돌아와 그들과 결산할새 20 다섯 달란트 받았던 자는 다섯 달란트를 더 가지고 와서 이르되 주인이여 내게 다섯 달란트를 주셨는데 보소서 내가 또 다섯 달란트를 남겼나이다 21 그 주인이 이르되 잘하였도다 착하고 충성된 종아 네가 적은 일에 충성하였으매 내가 많은 것을 네게 맡기리니 네 주인의 즐거움에 참여할지어다 하고 22 두 달란트 받았던 자도 와서 이르되 주인이여 내게 두 달란트를 주셨는데 보소서 내가 또 두 달란트를 남겼나이다 23 그 주인이 이르되 잘하였도다 착하고 충성된 종아 네가 적은 일에 충성하였으매 내가 많은 것을 네게 맡기리니 네 주인의 즐거움에 참여할지어다 하고 24 한 달란트 받았던 자는 와서 이르되 주인이여 당신은 굳은 사람이라 심지 않은 데서 거두고 헤치지 않은 데서 모으는 줄을 내가 알았으므로 25 두려워하여 나가서 당신의 달란트를 땅에 감추어 두었었나이다 보소서 당신의 것을 가지셨나이다 26 그 주인이 대답하여 이르되 악하고 게으른 종아 나는 심지 않은 데서 거두고 헤치지 않은 데서 모으는 줄로 네가 알았느냐 27 그러면 네가 마땅히 내 돈을 취리하는 자들에게나 맡겼다가 내가 돌아와서 내 원금과 이자를 받게 하였을 것이니라 하고 28 그에게서 그 한 달란트를 빼앗아

열 달란트 가진 자에게 주라 29 무릇 있는 자는 받아 풍족하게
되고 없는 자는 그 있는 것까지 빼앗기리라 30 이 무익한 종을 바
깥 어두운 데로 내쫓으라 거기서 슬피 울며 이를 갈리라 하니라

마 25:14-30

다 읽었다면 이제 하나씩 살펴보자.

1. 달란트는 돈이다

우리의 화폐 단위 중 가장 비싼 것은 5만 원권이다. 그렇
다면 예수님 시대의 가장 비싼 단위는 무엇이었을까? 고대
사회의 돈은 지금과 많이 달랐다. 비싼 돌덩어리들, 즉 은과
금이 화폐였다. 그래서 성경을 읽을 때 '은, 금'을 '돈'으로 바
꿔 읽으면 더 와닿기도 한다.

베드로가 성전 미문의 앉은뱅이에게 했던 말을 떠올려보라.

"은과 금은 내게 없거니와 내게 있는 이것을 네게 주노
니"(행 3:6).

구약에서 '달란트'는 대량의 금을 재는 단위로도 등장한다
(출 25:39; 37:24; 38:24; 삼하 12:30; 왕상 10:10,14; 대상 22:14;
스 7:22). 고대 사회의 화폐 개념이 금이나 은이었던 것을 기
억한다면 그리 이상할 일도 아니다. 예수님 시대에도 금과

은은 돈 중의 돈이었다. 로마 통치하에 있던 유대 땅에서 통용되던 금화 단위는 두 가지였다. 하나는 '므나'였고, 다른 하나는 '달란트'였다.

본문에 나오는 '1달란트'는 1므나의 약 60배쯤 되는 값어치를 가졌는데, 이를 금화로 환산하면 약 34킬로그램이었다. 현재 시가로 친다면 26억 원이 좀 넘는 가치다. 이걸 60으로 나누면 1므나 가격이 나오는데, 4천만 원이 넘는다.

앞에서 베드로가 했던 말을 이런 의미를 살려 바꿔보자.

"26억도 4천만 원도 내게는 없지만, 내게는 그보다 더 비싼 것이 있다. 그것을 네게 주겠다."

또 "지혜를 얻는 것이 금을 얻는 것보다 얼마나 나은고"라고 하신 잠언 16장 16절 말씀을 이렇게 바꿔 읽어보면 느낌이 더 온다.

"지혜를 얻는 것이 26억 원을 얻는 것보다 낫고."

2. 주인은 지혜로운 왕이었다

달란트 비유는 이렇게 시작한다.

또 어떤 사람이 타국에 갈 때 그 종들을 불러 자기 소유를 맡김과 같으니 마 25:14

주인은 여러 면에서 대단한 사람이었다. 우선 왕이 아니고서는 가질 수 없는 재력을 보여준다. 거기다가 종들을 신뢰하고 있었고, 각각의 재능을 파악하고 있는 지혜의 소유자였다. 그뿐만이 아니다. 나눠준 액수만큼이나 큰 리스크를 스스로 짊어지는 넉넉한 마음의 소유자였다.

주인은 엄청난 금액을 '각각 그 재능대로' 나눠주었고, 복귀 직후 결산을 시작했다. 그는 장사를 통해 두 배씩의 이윤을 남긴 종들을 칭찬했다. 그 칭찬에는 주인의 뜻이 담겨 있다.

- 정체성 : 잘하였도다 착하고 충성된 종아
- 이유 : 네가 적은 일에 충성하였으매
- 보상 : 내가 많은 것을 네게 맡기리니
- 의미 : 네 주인의 즐거움에 참여할지어다

이 짧은 몇 마디 안에 다 들어 있다. 주인은 그들에게 새로운 정체성을 부여했고, 그 이유를 설명했으며, 행위에 대해 보상했고, 끝으로 자신과 동일시함으로 그들을 승격시켜주었다.

이 종들이 가졌을 기쁨이 눈에 보이는 것만 같다. 그들은 주인에게 충성했고, 덕분에 주인과 동일시되는 복을 얻었다. 주인 같은 존재가 된 것이다.

문제는 세 번째 종이었다. 그는 '장사'하지 않았다. 이유는 25절에 나온다. '두려워하여'. 다른 말로 하자면, 그는 리스크를 떠안지 않았다. 주인이 달란트를 맡긴 이유를 몰랐거나 무시했고, 종에게 가진 기대감에도 응답하지 않았다. 그가 했던 일은 그저 땅에 숨겨두었다가 돌려준 것이었다. 주인은 그에게 이렇게 결산했고, 그 안에도 역시 주인의 뜻이 들어 있었다.

- 정체성 : 악하고 게으른 종아
- 이유 : 나는 심지 않은 데서 거두고 … 내 원금과 이자를 받게 하였을 것이니라 하고
- 벌 : 그에게서 그 한 달란트를 빼앗아 열 달란트 가진 자에게 주라
- 의미 : 무릇 있는 자는 받아 풍족하게 되고 없는 자는 그 있는 것까지 빼앗기리라 이 무익한 종을 바깥 어두운 데로 내어쫓으라 거기서 슬피 울며 이를 갊이 있으리라

주인은 종이 이윤을 남길 것을 바라고 믿었다. 하지만 세 번째 종은 주인의 기대를 무시했다. 이유는 두려움 때문이었는데, 이는 자신이 청지기이기를 거부한 것이나 마찬가지였

다. 주인은 그에게 맡겼던 26억을 빼앗았다. 그리고 가장 많은 이윤을 남긴 청지기에게 이동시켰다. 주인은 종들을 크게 신뢰했다. 그러나 행위에 따른 상벌은 분명했다.

3. 내 돈이 하나님의 것이라면?

누군가 당신에게 대형 여행가방을 건네주며 이렇게 말한다고 가정해보자.

"하나님이 당신에게 주라고 하셨습니다!"

가방을 열어보니 한 달란트, 아니 5만 원짜리 신권으로 26억 원이 빼곡히 들어 있었다. 이때 당신은 그 돈으로 무엇을 할 것인가? 물리적으로뿐만 아니라 영적으로 이를 52억 원이상의 가치로 늘리려는 마음이나 생각이 있는가? 아니면, 단순히 써서 없애버리려는 생각뿐인가? 자신의 마음을 잘 살펴 답을 해보라. 또 그 이유는 무엇인지도 생각해보라.

26억이라고 하면 잘 와닿지 않을 수 있으니, 한 번 더 질문해보자. 만약 당신에게 지금 26만 원이 생겼다면 그 돈으로 무엇을 할 것인가? 하나님께는 26억이나 26만 원이나 그게 그거다.

세상 모든 것의 주인은 하나님이시다(욥 41:11). 당신이 가진 모든 것과 가지지 않은 모든 것이 다 그분의 것이다. 다만 주인께서 뜻을 가지고 당신에게 맡기셨다. 신탁자금이다. 그런데 누군가는 당신보다 더 많이 얻었다. 달란트 비유에 의하면, 그 이유는 그가 당신보다 더 많은 재능을 가졌기 때문이다(마 25:15). 보다 적은 금액을 운영 중이더라도, 당신이 하나님께 청지기인 것은 변함없다.

그렇다면, 지금 가지고 있는 돈으로 무엇을 해야 하는지는 분명하다. 리스크를 직접 감당하며 이윤을 남기는 쪽으로 주인을 위한 관리를 해야 한다. 다시 말하자면, 이윤을 얻으려는 행동은 초기 자본과는 관계없는 문제라는 것이다. 중요한 것은 청지기의 자세를 가졌는가 하는 것이다. 그에 따라 재물을 경영하는 방향이 달라진다.

이제 다시 '부'에 대해 이야기해보자. 부자 역시 얼마를 가졌는가로 정의되는 것이 아니다. 이는 오히려 마음의 태도이자 정체성의 문제다. 이를 잘 보여주는 것이 달란트 비유였다. 우리는 차등적으로 재물을 운영하는 주인과 종의 이야기를 통해서 어떤 이가 청지기인지를 봤다. 대부분의 크리스천이 청지기 자세를 무시하며 산다. 시선이 주인에게 가 있지 않아서다. 반면, 진실한 크리스천에게는 확실한 정체성이 있다. 그들은 천국을 기업으로 물려받는 자들이다(요 14:1-3). 그들은 하나님의 자녀다(엡 1:17,18). 이런 정체성의 중심에는 예수님이 계신다. 어떤 재화보다 크신 분, 예수 그리스도를 '받았다'는 정체성. 이것이 다른 모든 것을 가능케 한다(빌 4:13).

 핵심

크리스천에게 자기 인생은 없다. 그들은 그리스도의 종으로 살며, 그리스도를 위해 살고 죽는다. 얼마를 가졌든, 모두 하나님의 것을 맡아 운영하는 중이다. 심지어 다른 사람 주머니의 재물도 하나님의 것임을 알고 올바로 사용할 것을 주장하고 다닌다. 이런 사람들을 우리는 '청지기'라고 부른다. 그들은 주인의 뜻대로 재물을 위탁 경영하며, 주인의 이윤을 추구하고, 리스크를 감당한다.

하나님을 사랑하지 않으면
돈을 사랑하게 된다

죄는 명령을 어기는 것이 아니라 관계를 깨는 것이다. 죄를 지을 때 우리는 돌로 제본된 법전을 어기는 것이 아니라 마음에 새겨진 사랑을 깬다. _ 레너드 스윗

순종을 막는 재물 근심

한 부자 청년이 예수님을 찾아왔다. 그에게는 질문이 있었다.

"선생님, 제가 무슨 선한 일을 해야 영생을 얻을 수 있겠습니까?"

진짜로 답이 필요해서 한 질문은 아니었다. 그는 이미 영생 얻는 길에 대한 확고한 신념을 가지고 있었다. 뒤이어 등장하는 대화를 보면 알 수 있다. 다만, 그는 '자기 의'로 가득한 사람이었다. 신앙적인 자부심도 대단했다. 스스로 모든

율법을 지켰다는 이 청년의 질문은 답을 구하는 것이 아니라, 자신의 완벽함을 나타내는 것에 더 가까웠다. 이에 예수님은 다음과 같이 대답해주셨다.

"네가 온전하고자 할진대 가서 네 소유를 팔아 가난한 자들에게 주라 그리하면 하늘에서 보화가 네게 있으리라 그리고 와서 나를 따르라"(마 19:21).

이 말씀 앞에 부자 청년의 자부심은 무너져내렸다. 재물이 많았던 그는 '이 말씀을 듣고 근심하며' 예수님을 떠났다. 마치 예수님의 비유 가운데 등장하는 가시떨기 밭에 떨어진 좋은 씨앗 같았다.

가시떨기에 뿌려졌다는 것은 말씀을 들으나 세상의 염려와 재물의 유혹에 말씀이 막혀 결실하지 못하는 자요 마 13:22

완벽을 자랑하던 청년은 꽁무니를 감췄다. 그는 분명 말씀을 들었다. 하지만 따를 수가 없었다. 재물에 대한 근심 때문이었다. 사람은 사랑하는 것에 복종하게 된다. 예수님을 사랑하면 예수께 복종하지만, 사랑하지 않으면 예수님을 따를 수 없다(요 14:21). 근심은 예수 사랑과 어울리지 않는다.

바울은 아들 같은 디모데에게 돈과 악의 관계에 대해 이렇게 말한다.

부자 청년의 근심 출처를 정확히 보여주는 구절이기도 하
다. 그는 단순히 재물이 많음으로 예수님을 떠난 것이 아니
다. 자신의 많은 돈을 예수님의 말씀대로 사용할 수 없는 '근
심'이 문제였다. 그리고 근심의 배후에는 '자기 의'와 동시에
'돈을 사랑함'이 작용하고 있었다.

무엇을 사랑하는가

부자 청년이 떠난 후에 예수님은 이를 지적하시며 제자들과
대화를 이어가셨다.

"낙타가 바늘귀로 들어가는 것이 부자가 하나님의 나라에
들어가는 것보다 쉬우니라"(마 19:24).

그들은 일단 몹시 놀랐다. 누가 봐도 천국에 갈 것만 같은
부자 청년이 천국에 가기 어렵다면, 자신들은 더 힘들겠다는
생각 때문이었다. 여기서 하나 알아두어야 할 배경지식이 있

다. 당시 유대인들이 구원과 부자에 대해 가지고 있던 일반적인 사고방식이다. 그들은 '율법을 모두 지키면 구원받는다'라는 식의 '의'에 대한 개념을 가지고 있었다. 그들에게는 이중성이 있었다. 한편으로는 하나님이 가장 거룩하시며, 어느 누구도 그에 미치지 못한다는 성경의 진리를 분명히 알고 있었다. 그러나 진리 지식을 따르지 않고 경험을 따랐다. 통념상의 '자기 의'를 더 추구했다.

한편, 구약 백성에게 많은 재물은 곧 하나님의 복을 의미했다. 욥기를 떠올려보면 이해하기 쉽다. 욥이 모든 것을 잃었다는 것은 곧 그에게 숨겨진 죄가 있기 때문이라는 가설을 친구들은 반복해서 주장했다. 그들의 대화를 읽어나가다 보면 '부는 곧 복'이라는 생각이 그 배경에 짙게 깔려 있음을 알 수 있다.

잠언에서도 그렇다. 부자의 특징으로 자주 등장하는 것이 의인에게 내려주시는 하나님의 복이다. 당시의 유대인들은 '복의 이유는 내가 복받을 만한 사람이기 때문'이라고 오해하고 있었다. 이런 통념 속에서 제자들도 무의식적으로 부자 청년을 우러러봤던 것 같다. 그 청년 정도라면 구원받을 만하다고 생각했다. 그래서 이렇게 질문했다.

"그렇다면 누가 구원을 얻을 수 있으리이까?"(마 19:25)

제자들의 눈에도 구원의 기준은 예수님이 아니었다. 당시의 통념에 비추어보자면, "부자 청년 같은 사람, 의인이며 복받은 존재도 구원을 못 받는다면 대체 누가 구원받는단 말입니까?"라는 질문이었다. 그들 역시 부자 청년만큼이나 재물에 막혀 예수님을 제대로 보지 못하고 있다. 이에 예수님이 대답하신다.

"사람으로는 할 수 없으나 하나님으로서는 다 하실 수 있느니라"(마 19:26).

부자 청년 이야기의 전체 맥락은 '구원'이다. 부나 가난이 구원의 기준이 될 수는 없다. 자부심도 마찬가지다. 사실 무엇으로든, 사람이 구원을 얻어내기란 아예 불가능하다. 아무리 멋져 보이는 부자 청년이라도 스스로를 구원할 수는 없다. 그러나 사람에게 불가능한 일을 하나님은 하실 수 있다. 예수님을 통해서.

돈을 사랑하는 것이 다른 사랑을 파괴하는 사례는 다반사다. 이런 대사를 들어본 적이 있을 것이다.

"일이야, 나야? 선택해!"

어떤 가장이 사업에 몰두하고 있다고 하자. 그 자체로는 좋은 일이다. 하지만 가정은 뒷전이고 매일 일에만 빠져 사는 가장이 있다면, 그는 가족 사랑에 문제가 있는 사람이다.

드라마에 자주 나오는 진부한 이야기다. 문제는 '돈을 어떻게 버는가?'가 아니라, '왜 버는가?'에 있다. 거기에는 옳은 목적과 그른 목적이 있다. 만일 열심히 돈을 버는 이유가 가족은 모르겠고 저 혼자 여행 다니고 호화롭게 쇼핑이나 하기 위함이라면, 옳은 목적이 아니다. 가족을 사랑해서 돈을 버는 것은 아름답지만, 돈을 사랑하여 일하면서 가족 핑계를 대는 건 추하다. 행위 자체가 아니라 무엇을 사랑해서 그 일을 행하는 것인지가 중요하다.

돈 염려는 우상 숭배의 증상이다

성경에는 돈과 관련해서 나타나는 우상 숭배의 증상들이 기록되어 있다. 탐심, 근심, 염려가 이들이다. 돈을 사랑하는 마음의 다른 말인 '탐심'은 곧 우상 숭배다(골 3:5). 그리고 '근심'은 돈을 사랑하는 마음의 결과다(딤전 6:10). 또한 예수님은 돈을 사랑함으로 '염려'하는 태도를 우상 숭배와 동일시하셨다(마 6:19-34). 이들 셋은 돈을 사랑함과 연결된 마음의 상태들을 잘 보여준다.

반대로 탐심, 근심, 염려가 있다면 맘몬을 숭배하고 있는 상태는 아닌지 점검해볼 필요가 있다.

염려에 대한 이야기에서 빼놓을 수 없는 사건이 있다. 출애굽이다. 광야에서 하나님의 백성이 황금 송아지를 만들어 숭배했던 이유가 무엇인가? 불확실한 미래에 대한 염려 때문이었다.

어찌 되었는지 알지 못함이니라 출 32:1

출애굽한 이스라엘 백성은 염려를 반복했다. 출발 직후 맞닥뜨린 홍해 앞에서부터 배가 고프거나 목이 마를 때도, 여정에 지쳤을 때도 염려로 일관했다(출 14:11; 16:3; 17:3; 민 21:5). 그들은 마치 하나님을 믿지 않기로 작정이라도 한 것만 같았다.

우상 숭배란 하나님 외의 어떤 것을 하나님보다 더 사랑하는 것이다. 그런 의미에서 보면 염려 역시 우상 숭배다. 광야의 백성이 불확실성 앞에서 선택한 것은 매번 하나님이 아니었다. 그들은 충분히 하나님을 선택할 수 있었다. 그러나 그들은 한결같이 염려를 선택했다. 하나님보다 염려를 더 사랑하는 모습이었다.

돈에 대해서도 마찬가지다. 물론, 가난은 거룩과 동의어가 아니다. 가난해도 돈에 대한 염려에서 자유로울 수 없다면 그것 역시 우상 숭배와 직결된다.

돈은 언제 보물이 되는가?

지폐를 한 장 꺼내보라. 천 원, 만 원, 어떤 액수라도 상관 없다. 그리고 잠시 쳐다보자. 어떤 느낌이 드는가? 아니, 얼마짜리로 보이는가? 똑같은 만 원짜리 지폐라도 누가 어떤 상황에서 보느냐에 따라 가격은 달라질 수 있을 것이다. 예를 들어 길 가다 주운 것과 직접 땀 흘려 일해서 번 만 원은 전혀 다른 가치로 보이기 마련이다. 전자보다는 후자를 더 가치 있게 사용할 것이다.

어떤 돈이든 소유자의 심리적 가치 판단이 들어간다. 쓰임새는 그 뒤를 따른다. 돈은 그저 돈이다. 그 자체로는 아무것도 아니다. 종잇조각일 뿐이다. 다만 당신이 거기에 가치를 부여했을 때 값이 생기고 어떻게 쓸 지가 결정된다.

마태복음 6장에서 예수님은 우상 숭배와 염려의 관계를 보여주셨다(마 6:19-34). 여기서 우리는 자신의 돈이 언제 보물이 되는지 생각해보게 된다. 복음서에는 돈을 직접 언급하는 표현들이 등장한다. 므나, 달란트, 데나리온, 렙돈, 앗사리온, 드라크마 등이 그들이다. 그런데 21절에 보면 예수님은 '돈'이라는 객관적 표현을 쓰지 않으셨다. 대신 '네 보물'이라는 주관적 표현을 쓰셨다. 이것은 돈에 대한 사회적 가치 판단이 아니다. 돈을 어떻게 생각하는지에 대한 당신의('네') 관점('보물')에 대한 말씀이다.

돈이라고 다 같은 돈이 아니다. 마음이 그것을 어떻게 바라보는지에 따라 가치가 달라진다. 어떤 것은 '나의 보물'이 되기도 하고, 또 다른 것은 싸구려가 되기도 한다. 마치 물한 컵과 같다. 사막에서 조난당한 사람에게는 보물이 되고, 배부른 사람에게는 별반 가치 없는 것이 된다.

자, 이제 다시 생각해보자. 지금 손에 든 그 지폐에 당신은 어떤 가치를 부여하고 있는가? 그것은 무엇, 혹은 누구를 위한 돈인가?

보물을 어떻게 하늘에 쌓아두는가?

'네 보물' 이야기를 좀 더 해보자. 이제 막 사회 생활을 시작한 새내기 사원이 최신형 스포츠카를 고가에 구입했다. 그리고 매월 수입의 80퍼센트를 자동차 할부금 갚는 데 지출 중이다. 이때 그가 어디에 마음을 쓰고 있을 지는 뻔하다. 기회비용을 생각해볼 때, 새 차가 '그의 보물'이다.

여기 또 다른 상황도 있다. 각각 저녁식사 비용으로 만 원씩 사용한 두 사람이 있다. 그런데 저녁을 먹는 목적이 달랐다. 한 명은 클럽 가서 밤새 놀기 위해, 또 다른 한 명은 산기도 가서 밤새 부르짖어 기도하며 찬양하려고 저녁밥을 먹었다. 두 사람이 사용한 지폐에 인쇄된 액수는 같았다. 그러나 목적은 같지 않았다. 각자에게뿐만 아니라 하나님 앞에서도 달랐다.

네 보물 있는 그곳에는 네 마음도 있느니라 마 6:21

마태복음 6장에는 보물을 하늘에 쌓아두고 있는지 아닌지 확인하는 방법이 나온다. 내가 돈에 어떤 목적을 두고 쓰는지를 살펴보는 것이다. 예수님은 돈을 마음의 문제로 다루신다. 앞서, "보물을 하늘에 쌓아두라"라는 말씀 역시 마음에 대한 명령이었다. 돈에 대한 마음이 목적과 쓰임새를 결정한다. 내 마음이 돈에 '하늘' 가치를 부여하고 있다면, 그 돈은 '하늘'에 쌓아두는 목적으로 사용된다.

염려는 자연스러운 일이 아니다

마태복음 6장에는 '공중의 새'와 '들의 백합화'가 등장한다 (26, 28절). 이들은 가장 원초적인 욕구의 문제에 대해서도 염려하지 않는다. 이유는 하나님이 먹이시고 입히심을 알기 때문이다(26, 30절).

이 비유가 우리에게 시사하는 바는 분명하다. '염려'라는 행위 자체가 부자연스러운 일이라는 것이다. 한낱 동식물들도 하지 않는 것이 염려다. 문제는 이 어색한 일을 하나님을 주인으로 섬기는 우리가 하고 있다는 것이다.

염려는 불신이다. 한 걸음 더 나아가 말하자면, 염려는 믿음의 문제다. 예수님 당시 이스라엘은 로마 문화 아래 있었다. 그곳에서 만약 어떤 노예가 의식주 문제를 가지고 염려하고 다닌다면 이렇게 추측할 수 있을 뿐이다: 그는 주인을 믿지 못한다. 예수님은 이 부분을 지적하며 말씀하신다.

하물며 너희일까보냐 믿음이 작은 자들아 **마 6:30**

'믿음이 작은 자들'은 다른 말로 하자면 믿지 않는 자들이다. 그 '덜 믿음'의 자리를 돈 염려가 대신 차지하고 있는 것이다. 무엇이든 하나님보다 더 신뢰하며 의지하는 것이 있다면 그것이 곧 우상이다. 그렇게 본다면 돈 염려는 우상 숭배의 한 모습이다.

한 사람이 두 주인을 섬기지 못할 것이니 … 너희가 하나님과 재물을 겸하여 섬기지 못하느니라 **마 6:24**

여기서 흥미로운 점은 '재물'이라는 표현이다. 예수님은 이를 '맘몬'이라고 부르셨다. 요약하자면, 하나님을 불신해서 돈에 대한 염려를 선택하는 것은 결국 맘몬 숭배다.

돈은 사랑의 대상이 아니다

하나님을 섬기는 일과 맘몬 숭배는 동시에 이루어질 수 없다. 마치 빛과 어둠이 동시에 공존할 수 없는 것과 같다. 중간은 없다. 하나의 존재가 다른 것을 파괴하기 때문이다. 이는 하나님을 섬기기 위해 돈을 부정하라는 의미가 아니다. 두 주인을 섬길 수 없으니 한 주인만 섬기라는 것이고, 그 주인은 당연히 맘몬이 아니라 하나님이어야 한다는 말이다.

하나님을 섬기는 사람만이 돈을 천국 보물로 다루는 마음 상태를 누릴 수 있다. 이 마음은 강력하다. 돈을 섬기는, 일종의 세속적 관성을 역류할 힘은 하나님 섬김에서만 나온다. 그런 사람은 돈을 섬기는 대신 이용할 수 있는 힘도 얻게 된다. 사도 바울의 말대로다.

나는 비천에 처할 줄도 알고 풍부에 처할 줄도 알아 모든 일 곧 배부름과 배고픔과 풍부와 궁핍에도 처할 줄 아는 일체의 비결을 배웠노라 빌 4:12

하나님을 사랑하면 돈 사랑으로부터 자유로울 수 있다. 하나님을 뜨겁게 예배하면 돈은 차갑게 이용할 수 있다. 하나님과 돈 사이의 질서가 바로잡혀 있는 사람에게는 이 문장이 불편하지 않을 것이다.

"돈은 도구다."

대놓고 돈 이야기를 하는 사람에게는 흔히 '세속적'이라는 낙인이 찍힌다. 그래서인지 돈을 중요하게 여기지 않는 것처럼 말하는 사람들이 많다. 그러나 성경 앞에 진리는 확고하다. 돈은 하나님을 섬기는 사람에게 매우 중요하며, 돈 역시 하나님을 섬기는 데 잘 이용해야 할 대상일 뿐이라는 것이다.

성경에 돈과 관련된 구절만 수천 개였던 사실을 다시 떠올려보라. 우리에게는 성경이 중요하게 다루는 것을 중요하지 않은 것으로 왜곡할 권한이 없다. 하나님께 중요하다면, 그래서 성경에 그렇게 많이 나오고 있다면 우리에게도 중요한 것이다.

하나님을 사랑하면 돈에 대한 새로운 관점이 생긴다

오해 없길 바란다. 돈이 중요하다는 말은 돈을 돈으로 대하라는 의미다. 돈 자체는 악한 것이 아니며, 그저 교환과 저장 가치가 있는 하나의 수단일 뿐이다. 문제는 이를 대하는 사람의 태도다. 철학자 허버트 맥케이브의 말과 같다.

"죄란 나쁜 것을 원하는 것이 아니다. 나쁜 것이란 없다. 모든 것은 하나님께 지음을 받았다. 죄란 사소한 것들을 갈망하는 것이다. 예컨대 재물은 선하고 하나님께 지음 받은 것이지만, 세상을 창조하신 하나님을 사랑해야 할 마음으로 재물을 사랑하는 것은 죄다."

하나님은 처음부터 돈을 그렇게 다루셨다. 아담과 하와를 보라. 그들은 에덴에서 쫓겨난 이후에도 먹고 살 수 있었다. 에덴동산에서만큼이나 바깥에서도 하나님이 공급하신 재화가 있었기 때문이다. 하나님은 인류의 범죄 이전이나 이후에나 동일하게 자신이 만든 세상의 재화들을 제공하셨다. 에덴의 바깥에서도 하나님의 관심은 하나님의 사람들에게 있었다.

세상의 보물들은 하나님의 목적이 아니다. 이는 하나님 앞에서 아무것도 아니고, 다만 우리 인간에게 필요한 하나님의 수단 중 하나일 뿐이다.

공급하시는 하나님을 경험하는 아담 가정을 생각하면 마음이 뭉클해진다. 그들은 하나님께 반역했음에도 하나님 때문에 먹고 살았다. 그들이 느꼈을 법한 하나님의 은혜는 하나님을 향한 감사와 사랑을 불러일으키기에 충분하지 않았을까? 그러고 보니, 가인과 아벨의 제사에 등장하는 재물들도 결국은 하나님이 주신 것들의 일부였다. 하나님이 주신 것들이 다시 믿음의 수단이 되었던 셈이다. 특히 아벨의 제물에 대한 신약성경의 기록은 의미심장하다.

믿음으로 아벨은 가인보다 더 나은 제사를 하나님께 드림으로 의로운 자라 하시는 증거를 얻었으니 하나님이 그 예물에 대하여 증언하심이라 그가 죽었으나 그 믿음으로써 지금도 말하느니라
히 11:4

이 구절에서 '믿음'과 '드림'이라는 표현들에 주목해보자.

먼저, 드림을 살펴보자. 우리는 여기서 두 가지를 생각해볼 수 있다. 첫째는, 가치다. 누가 자신에게 무가치한 것을 귀한 분에게 선물로 드리겠는가? 만약 아벨이 자신의 제물에 어떤 가격도 부여하지 않았다면, 하나님께 드리는 것이 될 수는 없다.

둘째는, 마음가짐이다. '드린다'라는 말은 마음을 담고 있다. 상대를 높이고 자신을 낮추는 마음이 있어야 '드림'의 행위가 이뤄진다. 이때 자신의 소유들 중 받는 이의 가치에 걸맞은 것을 골라 '드리는' 일을 하게 된다.

다음으로, 믿음을 보자. 아벨이 제물에 가치를 매기는 방식은 '믿음'을 통해 이루어졌다. 아벨은 이미 부모에게 가죽옷 이야기를 들었을 것이다(창 3:21). 하나님은 반역자를 죽이지 않으시고 그 대신 다른 희생제물을 제공해주셨다. 죄인이 아니라 하나님이!

이런 이야기를 들으며, 아벨에게는 가인에게 없는 '믿음'이 생겼을 것이다. 하나님이 구원하신다는 믿음, 하나님이 제공하신다는 믿음, 하나님이 자신의 죄도 하나님의 희생제물을 통해 덮어주실 것이라는 믿음.

아벨은 이러한 드림과 믿음 가운데 하나님을 예배했다. 한마디로, 아벨은 에덴의 가죽옷 사건을 재현이라도 하듯 '양의 첫 새끼'(창 4:4)에 자신의 마음에 담긴 가치를 '믿음'으로 부여해서 하나님께 사랑의 반응으로 올려'드렸다'.

드림, 그리고 믿음. 이 두 단어는 오늘날의 돈에 대한 우리의 관점 및 행위와도 관련이 있다. 세상에서 돈은 하나의 상징이자 교환 수단에 대한 일반적 약속이다. 여기에는 어떤 식이든 믿음과 가치 부여의 활동들이 진행 중이다. 하나님의 사람은 여기에 천국 관점과 믿음으로 새롭고 차별적인 가치를 부여한다. 그 중심에는 받은 은혜에 대한 반응으로써의 '드림'이 있다. 아벨처럼. 즉, 하나님이 맡겨주신 것들 중 가장 높은 가치를 부여한 제물을 믿음으로 드리고, 동시에 드리지 않은 모든 것들 역시 같은 태도로 사용하는 것이다.

하나님이 먼저 사랑하셨다. 우리는 받은 사랑에 대한 응답으로 하나님을 사랑한다(요일 4:10). 하나님을 사랑함이 중심에 있을 때, 우리도 아벨과 같이 받은 것에 대해 믿음으로 드릴 수 있다.

 조언

크리스천은 미래를 알고 있는 존재다(전 12:13; 계 22:20). 그저 하루나 이틀, 혹은 몇백 년 뒤를 안다는 것이 아니라, 세상의 끝을 알고 산다는 의미다(마 24:14). 아니, 모든 것이 끝난 다음에 일어날 일들까지 알고 있다(마 26:46). 이에 비해 염려는 하찮다. 사전적 정의를 보자면, 염려란 '앞일에 대하여 여러 가지로 마음을 써서 걱정함'이다(표준국어대사전). '앞일'이라고 해봤자 한 사람의 인생을 넘어서지 않는다. 고작 100년도 안 되는 시간에 대한 걱정이다.

미래에 대한 진리 지식, 그리고 앞일에 대한 걱정은 서로 섞여 있을 수 없다. 어느 한쪽이 있으면 다른 쪽은 사라지게 되어 있다.

다른 사람의 장례식장에 비키니 수영복이나 색동저고리를 입고 갈 수는 없는 노릇이다(좀 지나친 비유일 수도 있지만, 확 와닿지 않는가?). 돈 염려가 이와 같다. 크리스천의 인생과 어울리지 않는 옷이다.

여기, 염려 대신 예수님을 선택하기 위한 일곱 가지 지식이 있다. 요절들을 찾아보며 하나씩 묵상해보라.

1. 세상 모든 것이 이미 하나님의 것임을 기억하라(시 24:1).

2. 하나님을 예배할 때 평안이 임함을 기억하라(합 3:17).

3. 염려 역시 믿음의 대상임을 기억하라(요 14:27).

4. 가난과 거룩은 동의어가 아님을 기억하라(빌 4:12).

5. 돈에 대한 염려는 맘몬 숭배와 연결되어 있음을 기억하라(마 6:19-21).

6. 먼저 그의 나라와 그의 의를 구하라는 말씀을 기억하라(마 6:33).

7. 불의의 재물로 친구를 사귀라는 말씀을 기억하라(눅 16:8-13).

 정리

누구나 돈에 대해 염려할 수 있다. 그러나 이는 창조주의 섭리 가운데 자연스럽지 않은 일일 뿐 아니라 우상 숭배적이다. 말하자면, 돈 문제로 염려하는 것만큼 하나님과 거리가 먼 사람이다. 하나님을 하나님으로 섬기는 대신 고작 염려를 선택하고 있는 모습이다. 무엇이든 하나님보다 더 중요하게 여기면 그것이 곧 우상 숭배라고 했다. 그러니 염려를 신호 삼아 하나님께 돌아가는 일을 먼저 하자. 돈 염려는 맘몬 숭배의 증세다. 돈을 중요치 않은 것으로 다루며 가난을 자랑하기보다는 하나님을 하나님처럼 섬기는 일에 집중하자. 그러면 돈에 대해 이전과 다른 관점을 갖게 될 것이다.

돈은
지배와 이용의 대상이다

물질적 재화와 부를 편 손바닥으로 붙잡으세요.
꽉 쥔 주먹으로 말고요. _ 알리스테어 베그

현실의 절대반지, 돈

내가 가장 감명 깊게 본 영화는 〈반지의 제왕〉 시리즈다. 그
중에서도 〈반지 원정대〉가 가장 기억에 남는다. 플롯은 간
단하다. 절대반지를 파괴하는 여정이다. 주인공은 이 반지
를 파괴하기 위해 여행을 떠난다. 여기 등장하는 '절대반지'
는 세계를 정복할 수 있는 능력을 주는 물건이다. 그 능력이
어찌나 강력한지, 반지가 주인을 압도해버린다.

벌써 수십 년 전에 본 영화지만, 나는 교회를 개척하는 과

정에서 그 반지를 몇 번이나 떠올렸다. 절.대.반.지.

교회 개척 10년차다. 그래도 사역은 도무지 익숙해지지 않는다. 할수록 새롭고, 힘들다. 그 이유를 곰곰 생각하다 보니 자꾸 영화가 떠올랐다. 어쩌면, 교회는 마치 절대반지와 같지 않은가? 세계 정복의 능력을 제공해주는 것이지만, 결코 자신의 것으로 소유해서는 안 되는 것.

교회 사역 중에 만나는 어려움 중 많은 것이 '소유권'과 관련 있었다. 아무리 열심히 일해도 모두 하나님의 것이니, 욕심 많은 사람에게는 문제가 된다. 얼마를 투자해서 얼마를 거두든 사역자의 것은 하나도 없다. 모든 것은 전적으로 그리스도의 소유다.

사실, 내 이야기다. 지난 10년을 돌아보면 교회 사역 최대의 어려움은 본전(?)을 생각하는 내 마음이었다. 열심히 땀 흘려 거둔 열매일수록 내 것이라 주장하고 싶었다. 하지만 교회가 내 것이 아니라 예수님의 것이니, 소유를 주장할 수는 없었다. 교회의 참 주인이신 예수님도 이렇게 명령하셨다.

이와 같이 너희도 명령 받은 것을 다 행한 후에 이르기를 우리는 무익한 종이라 우리가 하여야 할 일을 한 것뿐이라 할지니라 눅 17:10

이런 면은 정말 절대반지와 비슷하다. 만약 교회를 놓고 '내 것'을 주장하려는 마음이 있다면, 모르도르의 화산(절대반지를 파괴했던 영화상의 장소)에 던져 넣어야 할 것이다.

그런데 어디 교회뿐일까? 절대반지와 같은 것이 또 있다. 바로 돈이다. 돈 역시 교회만큼이나 절대반지의 속성을 가지고 있다. 소유자가 압도당하기 쉬운 소유물이자, 많은 이들을 유혹하는 권력이다.

돈은 그저 돈이다

논의를 위해 개념부터 정리하자면, 돈은 단지 돈이다. 그 자체로는 선한 것도 악한 것도 아니며, 경제활동을 가능케 하는 가치 교환의 수단으로 인간이 사용하는 도구 중 하나일 뿐이다.

돈이 사라진다면 어떨까? 만일 닭을 키우는 농부에게 낫이 필요하고, 낫을 만드는 대장장이는 파인애플을 원한다고 가정해보자. 이때 농부가 낫을 얻는 방법에는 무엇이 있을까? 그는 우선 대장장이가 필요로 하는 파인애플을 자신의 닭과 바꿔줄 사람을 찾아야 할 것이다. 생각만 해도 어렵고 복잡하다. 하지만 돈이 있다면 이야기는 훨씬 간단해진다. 그러면 굳이 닭을 들고 파인애플을 찾으러 돌아다니지 않아도 된다.

많은 사람이 돈을 악한 도구로 간주한다. 신앙인일수록 더 그렇다. 하지만 앞에서도 살펴봤듯이, 성경은 '돈'이 아니라 '돈을 사랑함'이 악한 것이라고 말한다(딤전 6:10). 그런데 오랜 시간 교회 사역을 해온 나의 개인적 경험에 비추어보면, 가난한 사람일수록 돈이 악하다고 주장하고, 부자일수록 돈은 선한 것이라 여기는 경향이 강했다. 아이러니하지 않은가? 즉, 이는 진리에서 나온 생각이라기보다 자기 경험에 갇힌 사고이다.

진실은 간단하다. 도구의 선악은 이용자가 결정한다. 지혜와 권력을 예로 들어보자. 이들은 다음 성구에서와 같이 모두 하나님께 속한 것들이다.

이르되 아멘 찬송과 영광과 지혜와 감사와 존귀와 권능과 힘이 우리 하나님께 세세토록 있을지어다 아멘 하더라 계 7:12

여기 등장하는 단어들, '영광과 지혜와 감사와 존귀와 권능과 힘'은 모두 하나님의 것으로 선하다. 하지만 이들이 만약 악한 의도에 의해 악용된다면? 그때는 악한 것으로 변질되고 만다. '지혜' 그 자체는 선한 것이지만, 누군가 사기를 치기 위해 그 지혜를 사용한다면, 혹은 악한 일을 위해 '권능과 힘'을 이용한다면, 그때는 선했던 것도 악해진다.

죄가 이런 것이다. 원래의 선한 용도에서 '벗어나는' 것이다. 하나님이 마련해두신 원리에서 벗어나 하나님의 것들을 사용하는 것이다. 선한 것이 선해지려면 원래의 용도와 목적에 맞게 사용하면 된다. 신학자 웨인 그루뎀의 말을 들어보라.

"돈을 사랑하는 게 문제지 돈 그 자체가 문제는 아니다. 사실 돈은 기본적으로 선한 것이다. 돈은 인간 세상을 동물의 왕국과 구분 짓는 훌륭한 발명품이다. 돈 덕택에 우리는 땅으로부터 다른 사람을 유익하게 하는 물건과 용역을 생산함으로써 땅을 정복할 수 있다."

힘이 강할수록 브레이크도 강해야 한다

고성능의 자동차일수록 브레이크 성능도 좋아야만 한다. 급작스런 상황에서 제동이 안 된다면 아무리 멋진 스포츠카라도 그저 위험한 도구에 지나지 않는다. 고출력의 엔진은 고사양의 브레이크를 필요로 한다.

돈은 고출력 엔진을 탑재한 스포츠카와 같다. 힘이 강하다. 심지어 돈으로는 거의 모든 것을 할 수 있다. 믿기지 않을지도 모르겠지만, 성경에도 나온다.

… 돈은 만사를 해결한다 전 10:19, 새번역

돈은 강력하다. 현실적으로, 돈으로 안 되는 일을 찾기는 힘들다. 그러다 보니 돈의 능력이 사람을 압도할 때도 많다. 돈은 한마디로 제동이 어려운 도구다. 돈을 도구로 잘 쓰려면 브레이크를 달아야 한다. 다행인 점은 세상 모든 돈 역시 하나님의 손 아래 있다는 것이다.

은도 내 것이요 금도 내 것이니라 만군의 여호와의 말이니라

학 2:8

학개서에 나오는 '은'은 정확히 '돈'을 가리킨다(참고로, 프랑스어로 '돈'을 지칭하는 단어인 'argent' 역시 '은'을 뜻한다). 하나님은 돈이 하나님의 것이라 말씀하신다. 하나님은 돈과 비교불가한 큰 능력을 가지고 계신다. 그분은 창조주이시며, 돈뿐 아니라 세상 만물이 다 하나님의 것이다. 그러므로 하나님은 결코 돈에 휘둘리지 않으신다. 어찌 보면 인간은 돈보다 약하다. 가난하든 부하든 돈에 쉽게 휘둘리며, 압도당하는 연약함을 보인다.

돈을 다스리실 수 있는 분은 정작 돈을 필요로 하지 않으

시고, 약한 인간은 돈을 필요로 한다.

그렇다면, 우리는 어떻게 돈을 제어할 수 있을까? 먼저, 하나님의 능력 앞에 굴복해야 한다. 하나님과 돈과 인간 사이에 능력 위계를 세워보자면, '하나님-인간-돈'의 순서여야 맞다. 하나님이 주인이시고, 인간은 그분의 청지기이며, 돈은 청지기에게 맡겨진 하나님의 도구가 될 때 인간은 안전하게 돈을 사용할 수 있다.

예수님이 돈에 대해 말씀하실 때 사용하셨던 단어, '두 주인'을 보라(마 6:24). 여기서 주님은 우리의 마음이 섬기는 대상이 하나님이냐 돈이냐의 문제로 나누어서 보여주셨다. 잠시만 멈춰서 생각해보면 답은 금세 나온다. 둘 다 섬기는 것은 불가능하다. 돈을 섬기면 하나님을 잃는다. 그러면 돈의 능력을 제동할 수 없는 인생이 되어 가난해도 돈에 휘둘리고 부해도 돈에 압도당한다. 어느 쪽이든 망한다.

그렇다면 답은 뻔하다. 하나님을 주인 삼는 것이다. 그러면 하나님보다 아래 있는 돈의 능력쯤은 일개 '도구'로 전락한다. 그저 필요에 따라 가져다 쓸 수 있는 것이 되어 힘을 잃는다. 위계질서만 잘 세워져 있다면 돈이 있든 없든 위험에서 벗어날 수 있다.

가난한 사람은 가난을 경작하는 일이 가능해질 것이고,

부한 사람은 그 부를 누릴 능력을 얻게 될 것이다(잠 13:23; 딤전 6:17). 어느 쪽이든 승리다. 우리가 하나님 앞에 무릎을 꿇을 때 돈 앞에서 힘을 줄 수 있다.

돈을 섬기지 않는다면 빚 또한 선용 가능하다

돈이 주인 행세를 하는 영역 중 하나는 빚이다. 학자금 대출을 갚기 위한 구직 활동, 신형 핸드폰을 사기 위한 2년짜리 노예 계약(?), 대출로 얻은 신혼집 전세금 때문에 어쩔 수 없이 하는 맞벌이, 매월 월급이 들어옴과 동시에 결제되는 각종 공과금과 신용카드 비용…. 이들은 사람의 소비 욕구를 높이거나 자유를 억압한다.

그러나 하나님께 무릎을 꿇는 사람은 빚 앞에서도 당당하다. 빚 역시 돈과 관련되어 있고, 하나의 도구로 볼 수 있다. 그렇기에 빚을 뜨겁게 섬기며 전전긍긍 따르지 않고, 냉정한 판단을 가지고 필요할 때만 쓰고 불필요할 때는 버릴 수 있게 된다.

그렇다면 성경은 빚 문제를 어떻게 다루고 있을까? 성경에 비추어서 하나님을 섬기고 돈은 이용하는 사람들이 참고할 만한 10가지 논의를 살펴보자.

1. 성경은 사유 재산을 인정한다

돈이 많은 사람을 보면, 왠지 긍정적인 생각보다는 부정적인 생각부터 든다. 그가 물욕이 많은 악한 사람일 것이라고 추측해버리는 식이다. 하지만 성경은 이에 찬성하지 않는다. 오히려 개개인의 재산 소유를 인정한다.

하나님을 섬기는 사람들에게 '소유'란 하나님을 섬기는 도구에 지나지 않기 때문이다. 그들의 손에 건물이 있으면 예배 장소가 되고, 자동차가 있으면 복음을 전하는 이동 수단이 되는 식이다. 또한 하나님의 사람들에게 '소유'란 하나님의 뜻을 대행해서 실행하기 위한 도구다. 이들에게 돈이 주어지면 하나님의 뜻이 이 땅에서 이루어지는 사업들이 일어난다. 웨인 그루뎀은 그의 책 《하나님을 영화롭게 하는 비즈니스》에서 십계명을 인용하며 이렇게 말했다.

"하나님이 도둑질하지 말라고 명령하신 것은, 하나님이 재산 소유의 타당성을 인정하셨다는 의미다. … 하나님이 이렇게 명령하신 까닭은, 재산 소유가 우주에 주권을 행사하시는 하나님의 주권을 닮아가기 위한 기본적인 방법이기 때문이다."

소유권 자체는 악한 것이 아니다. 하나님을 섬기지 않고 다만 소유욕을 섬기는 사람이 그 소유를 악으로 변질시키는 것이다.

2. 성경은 빌려주거나 빌려가는 것을 인정한다

때때로 사람들은 빚을 얻거나 돈을 빌려주는 행위를 부정적으로 생각한다. 그러나 성경은 이에 찬성하지 않는다. 성경은 빌려주는 행위 그 자체를 금지하지 않는다. 한 구절만 예로 들어보자.

네가 만일 너와 함께한 내 백성 중에서 가난한 자에게 돈을 꾸어 주면 너는 그에게 채권자같이 하지 말며 이자를 받지 말 것이며

출 22:25

여기서 부정적인 부분은 빌려주는 행위 자체가 아니다. 빌려주는 사람이 상대방의 가난을 악용하는 태도와 형제를 타인 취급하는 태도를 금지하고 있을 뿐이다. 돈을 빌려주는 행위 자체는 인정하고 있다.

3. 빚을 졌을 때는 반드시 갚아야 한다

사람들은 '빚은 주지도 받지도 말라'라는 주장의 근거 구절로 다음을 이야기한다.

피차 사랑의 빚 외에는 아무에게든지 아무 빚도 지지 말라 남을

거듭 말하지만, 성경은 전체 맥락을 무시하고 읽어도 되는 단편 명언록이 아니다. 해당 구절은 독립된 하나의 명언이 아니라 맥락과 함께 읽어야 하는 전체의 한 부분이다. 로마서 13장을 보면 부당한 조세 부과자에게조차(1-7절) 사랑으로 너그러울 수 있는(8-10절) 구원의 사자가 되라(11-14절)는 내용이 나온다. 문제의 구절에 대해 웨인 그루뎀은 다음과 같이 설명한다.

"아무 빚도 지지 말라는 명령은 앞 절에 열거한 것처럼 두려움이든 존경이든 세금이든 무엇이든 단지 빚을 졌으면 반드시 갚으라는 의무를 요약한 것이다."

그의 말대로다. 시편에서도 '꾸기만 하고 갚지 않는 사람은 악인'(시 37:21)이라고 했다.

4. 빚진 자는 저당권자의 노예가 아니다

성경은 이자에 대해서도 언급한다. 한마디로 요약하자면, 이자는 정당하다. 빚을 얻을 때 내는(받는) 이자는 돈의 소유권을 이전하는 것에 대한 사용료다. 정당한 계약이다. 다만 이자의 수준은 신뢰도나 빚 주는 자의 결정에 의한다. 신명기 말씀대로다.

> 네가 형제에게 꾸어주거든 이자를 받지 말지니 곧 돈의 이자, 식
> 물의 이자, 이자를 낼만한 모든 것의 이자를 받지 말 것이라 타국
> 인에게 네가 꾸어주면 이자를 받아도 되거니와 네 형제에게 꾸어
> 주거든 이자를 받지 말라 그리하면 네 하나님 여호와께서 네가
> 들어가서 차지할 땅에서 네 손으로 하는 범사에 복을 내리시리라
> 신 23:19,20

여기서는 이자를 받아도 되는 대상을 '타인'으로 정하고
있다. 간단히 설명하자면, 그는 '형제가 아닌 자', 다시 말해
'공동체성이나 신뢰가 없는 자'를 의미한다.

또한 이 구절에 의하면 이자는 복과 저주를 가져오기도 한
다. 채권자(돈을 빌려주는 사람)가 빚을 이용해서 가난한 자
나 형제의 돈을 부당하게 빼앗으면 저주를 받는다. 반면 형
제를 형제로 대함으로 이자를 탕감해주면 복을 받는다(레
25:37; 시 15:5).

그러니 채무자(돈을 빌린 사람)는 저당권자(이자를 받는 사
람)의 노예가 아니다. 다시 말하지만 이자는 정당하며 이자
받는 사람의 마음에 따라 복과 저주가 결정될 것이다. 채무

자의 입장에서 보자면, 지급 기한이 도래할 때까지는 사용권이 그에게 와 있는 셈이다.

5. 빚지는 것이 악할 때가 있다

빚의 악용에 대해 성경은 2가지를 이야기한다. 첫째, 갚지 않는 빚은 악하다. 채무자는 지급 기한이 되면 반드시 지불 약속을 지켜야 한다. 만약 꾸기만 하고 갚지 않는다면 그는 악인이며, 따라서 악한 빚이 된다.

악인은 꾸고 갚지 아니하나 의인은 은혜를 베풀고 주는도다

시 37:21

둘째, 빚 얻는 능력을 악용하는 경우다. 빚 얻을 능력이 있다는 것은 그것을 남용해도 된다는 뜻이 아니다. 만약 누군가가 신용카드 사용, 사업 대출, 각종 담보 대출 등이 가능하다고 해서 과도한 빚을 지는 경우, 그는 노예로 전락할 것이다(잠 22:7).

6. 빚지는 것이 오히려 손해가 될 수 있다

각 개인의 사유 재산을 인정하시는 하나님은 또한 이를 보

호하신다. 출애굽기에서는 이렇게 말씀하고 있다.

만일 이웃에게 빌려온 것이 그 임자가 함께 있지 아니할 때에 상하거나 죽으면 반드시 배상하려니와 출 22:14

빌리는 행위는 소유권 이전이 아니다. 소유물에 대한 사용권의 일시적 이전일 뿐이다. 그래서 원금에 대한 손해는 배상해야 한다. 이때 빚진 자는 사용권이 없어진 원금을 갚아야하는 이중 손해의 위험을 감당하게 된다. 한마디로, 손해다.

7. 레버리지 빚도 가능하다

예수님의 천국 비유 중 돈을 직접 다루는 것이 있다. 그중하나가 므나 비유다(눅 19:12-27). 비유의 내용은 이렇다. 한주인이 있었다. 그는 왕이 될 사람이었다. 왕위를 받으러 여정에 오르며 종들을 불러 한 므나씩 나눠주었다. 시간이 흐르고 왕위를 받아 돌아온 주인은 종들을 다시 불렀다. 종들은 각자 있었던 일을 보고했다.

저마다 주인이 맡긴 돈을 불려왔다. 한 종은 열 므나로, 다른 종은 다섯 므나로 이윤을 남겨왔다. 주인은 이들을 칭찬하며 각각 더 큰 것, 열 고을과 다섯 고을을 통치할 권력을 주었다. 하지만 마지막 종은 달랐다. 그는 아무것도 하지 않고 맡겼던 돈만 그대로 가져왔다. 주인은 그에게 호통 쳤다.

이 비유는 예수님의 천국 왕권에 대한 말씀이다. 여기서의 핵심은 하나님나라에서 예수님의 통치권과 이를 받아들이는 백성 사이의 관계이다. 흥미로운 사실은, 므나 비유 직전에 당시 돈 문제의 중심에 있던 세리장 삭개오 사건이 기록되어 있다는 점이다(눅 19:1-10). 삭개오 이야기부터 므나 비유까지를 연결해서 살펴보면 그 의미는 더 풍성해진다.

결국 삭개오도 '한 므나'를 맡은 왕의 종으로 볼 수 있다. 그렇다면, 삭개오는 얼마를 남겼는가? 본문을 살펴보면, 그는 예수님을 왕으로 대했고, 예수님을 영접했으며, 예수님 앞에서 회개했다. 이때 그가 돈을 어떻게 사용했는지 보라.

스펄전의 말대로라면 삭개오는 '지갑의 회개'를 한 사람이
었다. 그는 예수께 사랑의 빚을 졌고, 이를 지갑의 회개로 갚
았다.

계속 므나 이야기를 하자면, 전체 맥락에도 불구하고 주인
의 호통에서 놓칠 수 없는 부분이 있다. 바로 '이자'에 대한 부
분이다. 이는 비유에 등장하는 주인이 어떤 기대를 가지고 있
는지를 잘 보여준다. 그는 왕 되신 그리스도를 상징하므로,
예수님이 우리에게 어떤 요구를 하시는지도 알 수 있다.

우리는 모두 주께 빚진 자들이다. 각 한 므나씩 받은 종들
처럼 주님으로부터 얻은 빚들이 저마다 있다. '이자' 앞에 등
장하는 '은행에라도 맡기지 그랬느냐'라는 말씀을 보라. 빌
려준 돈으로 은행 이자라도 받아 이윤을 남겨야 할 정도라
면, 방향성과 초점은 분명하다.

삭개오 이야기에서 영적 회개는 물질적 회개와 연결되어 있
었다. 우리에게도 저마다 영적 소명들이 있고, 이는 다시 물
질적 소명과 맞닿아있다. 주인은 더 큰 이득을 내기 위해 돈
을 빌려주는 행위를 인정한다. 이렇게 은행과의 빚 거래까지
구체적으로 언급되어 있을 정도라면 우리에게 역시 빚 선용이

가능하다.

8. 빌려주고 빌릴 줄 아는 것은 특권이다

베짱이가 개미에게 양식을 빌리러 가는 일은 동화에서나 나온다. 현실 세계의 짐승들은 서로 빚지지 않는다. 예를 들어, 길고양이 한 마리가 몸살에 걸렸다고 해서 친구 고양이에게 "쥐 한 마리만 빌려줘, 야옹" 하는 일은 없다. 혹은 "도토리 20개만 빌려줘, 내년에 갚을게"라고 말하는 다람쥐도 없다.

채무 관계를 이해하고 빚을 선용하는 일은 사람만 할 수 있다. 더구나 소명을 받은 영적 청지기인 크리스천들은 두말할 것도 없다. 빌려줄 능력이나 빌려올 능력이나, 둘 다 특권이다.

9. 빚지는 것은 청지기에게 중요한 의미가 있다

빚을 얻는 행위에는 리스크가 있다(출 22:14). 그럼에도 빚을 얻는다는 것은 리스크 수준을 넘어서는 이윤 기대가 있다는 뜻이다. 다른 측면에서 보자면, 원 소유주에게 없는 아이디어와 확신이 있다는 것이다. 그래서 빚을 주거나 얻을 경우 최초 소유자보다 더 나은 선택을 할 수 있는 범위가 커진다. 이때 하나님이 세상 도처에 있는 하나님의 사람들에게 맡겨두신 므나들에 대한 유용성도 함께 증가한다.

또한, 빚을 주고받는 행위의 리스크에는 공동체성이 반영되어 있다. 리스크는 믿음을 요구하기 때문이다. 빌리는 사람에게는 이를 선용하려는 자신의 목적과 계획에 대한 믿음이 있다. 빌려주는 사람이 그 믿음을 공유할 때에야 쌍방 계약이 성립된다. 중요한 건, 남의 돈에 영향력을 끼치는 자가 선한 청지기여야 한다는 것이다.

10. 당신은 빌리는 자가 아니다

빚에 대한 성구들을 찾아보다가 놀란 부분이 있다. 꼭 갚아야 한다는 이야기 외에 빌려오는 것에 대한 지침은 거의 없다는 점이다. 대부분이 빌려주는 것에 대한 지침이었다. 심지어 우리를 하나님께 꾸어드리는 존재로 묘사하는 구절도 있다(잠 19:17).

이로부터 알 수 있는 사실이 있다. 크리스천은 하나님의 소유에 대해 청지기적 주권을 행사할 수 있다는 것이다. 그들은 세상에 대해 빌려오는 위치에 있는 사람들이 아니라 오히려 빌려주는 역할을 감당해야 하는 사람들이다. 이는 일종의 소명이다.

여호와께서 너를 위하여 하늘의 아름다운 보고를 여시사 네 땅
에 때를 따라 비를 내리시고 네 손으로 하는 모든 일에 복을 주시
리니 네가 많은 민족에게 꾸어줄지라도 너는 꾸지 아니할 것이요
신 28:12

 조언

돈 앞에 무릎 꿇지 말고 하나님 앞에서 그리 하라. 그때 당신은 돈을
다음과 같은 수단으로 전락시킬 수 있을 것이다.

1. 주는 것(Giving)

하나님을 높여 예배하면 당신도 더 높은 자리로 가게 된다(약 4:10).
돈의 힘보다 더 큰 힘이신 하나님 앞에 엎드리면 돈이 당신 앞에 복종
하게 될 것이다. 이때 당신은 돈을 소비의 수단뿐 아니라 너그럽게 흘
려보내는 도구로도 쓸 수 있게 된다.

주라 그리하면 너희에게 줄 것이니 곧 후히 되어 누르고 흔들어
넘치도록 하여 너희에게 안겨 주리라 너희가 헤아리는 그 헤아림
으로 너희도 헤아림을 도로 받을 것이니라 눅 6:38

2. 섬기는 것(Serving)

하나님을 예배하면 돈보다 큰 세계를 보게 된다. 그러면 거기서 무한한 돈의 원천을 발견하게 되고, 온 세상이 다 하나님의 것이니, 그분의 것을 그분을 섬기는 일에 쓰려는 동기를 갖게 된다.

누가 먼저 내게 주고 나로 하여금 갚게 하겠느냐 온 천하에 있는 것이 다 내 것이니라 욥 41:11

땅과 거기에 충만한 것과 세계와 그 가운데에 사는 자들은 다 여호와의 것이로다 시 24:1

3. 얻는 것(Earning)

하나님은 출애굽 백성을 약속의 땅 가나안으로 이끄셨다. 하나님께서 다 이겨두신 싸움의 현장으로 여호수아의 군대를 들여보내셨다. 그들은 가서 땅을 정복해야 했다. 이 세상을 보라. 다 누구의 것인가? 지금도 영적 여호수아의 군대로써 들어가 적극 차지하라.

네 앞에 서 있는 눈의 아들 여호수아는 그리로 들어갈 것이니 너는 그를 담대하게 하라 그가 이스라엘에게 그 땅을 기업으로 차지하게 하리라 신 1:38

4. 관리하는 것(Managing)

므나 비유를 기억하라. 주인의 뜻은 이윤을 남기는 것이었다. 이것은 곧 천국 비유이기도 했다. 하나님이 당신의 주인이시다. 그분이 맡기신 것들 중에는 돈도 있다. 당신도 이윤을 남기는 방향으로 관리해보라.

그 첫째가 나아와 이르되 주인이여 당신의 한 므나로 열 므나를 남겼나이다 주인이 이르되 잘하였다 착한 종이여 네가 지극히 작은 것에 충성하였으니 열 고을 권세를 차지하라 하고 눅 19:16,17

 정리

돈은 강력하고 우리는 약하다. 그래서 자칫 하나님보다 높이 두고 우상 숭배의 대상으로 뜨겁게 섬기기 쉽다. 해결책은 하나님을 경배하는 데 있다. 돈을 차갑게 이용하는 길은 돈 컨트롤에 있지 않다. 돈에 집중하면 돈에 말린다. 그 대신 하나님께 집중해야 한다. 하나님만 섬기며 그분 앞에 무릎 꿇고 살면 돈이 힘을 잃는다. 그때 쓰면 된다. 예를 들어 빚조차도 얼마든지 선용할 수 있다. 주님을 섬기는 데 유용하게 사용할 수 있는 하나의 도구가 될 수 있다. 하나님은 섬기고, 돈은 수단화하라. 하나님께 지배당하며, 돈은 지배하라.

하나님은 재물 얻을 능력을 주셨다

만약 어떤 사람이 돈에 대한 태도를 바로 잡는다면, 이것은 그의 삶의 거의 모든 영역을 바로 잡는 데 도움이 될 것이다.

_ 빌리 그래험

빛의 요요현상

다이어트는 성공하기까지도 어렵지만, 그 성공을 유지하는 일은 훨씬 더 힘들다. 그래서 많은 사람이 다이어트 이전으로 돌아가버린다. 흔히 말하는 요요현상이 온다. 이유는 빤하다. 일시적인 음식 절제와 운동으로는 일시적인 성공만 가능하기 때문이다. 진짜 성공은 성공을 유지하는 데 있다. 그러려면 삶의 생활양식과 환경을 전반적으로 바꿔야 한다. 그리고 그걸 장기적으로 유지할 수 있어야 한다.

돈 문제도 다이어트와 크게 다르지 않다. 돈도 요요현상 같은 게 있다. 사람이 바뀌지 않는다면 얼마를 벌든 또 잃는다. 하루에 만 원을 벌어도 잘 관리해서 증식시키는 사람이 있는가 하면, 하루에 천만 원을 벌어도 다 써버리고 가난해지는 이도 있다. 한때 크리스천 재정교육을 통해 빚 청산을 완료한 사람들도 그랬다. 빚을 다 털어버린 후에 다시 처음으로 돌아가기 일쑤였다. 새로 빚을 지기 시작했다. 이들 모두 요요현상을 경험했다.

한 통계에 의하면 우리나라 가계당 평균 부채는 8천만 원을 조금 넘어선다(통계청, 2020년 가계금융 복지 조사). 개인만 아니라 교회들도 빚을 얻어 지어올린 건물들 때문에 자유롭지 못한 경우가 많다. 빚이 이끄는 개인, 빚이 이끄는 교회는 흔하다. 이들에게 가장 먼저 떠오르는 대안은 '빚 갚기'다. 어떻게든 빚 문제에서 벗어나는 것부터 시도한다. 수요가 있는 곳에는 공급도 따르기에, 여기서 재정 관리 전문가들이 등장한다.

많은 재정 관리 전문가들이 빚 문제를 다룬다. 이들은 지출 방식의 변화를 요구하며, 동시에 빚부터 청산하고 시작하라고 말한다. 그 내용을 들여다보면, 습관을 바꾸기 위해 신용카드의 사용을 원천적으로 중단하는 특단의 조치가 등장하기도 한다. 실제로 '수입보다 적은 지출'이라는 간단한 공식은 성공적이었다. 많은 사람들이 배운 대로 했고, 빚 청산에 성공했다. 아쉬운 점은 빚 청산만으로는 빚 문제가 끝나지 않았다는 것이다.

빚을 다 털어버린 직후에 마치 다이어트 요요현상 같은 것이 오면서 다시 빚을 얻으러 다니는 사람들이 많았다. 많은 돈을 갑자기 얻은 사람들이 어느 순간 다시 원점으로 돌아가는 것처럼, 오랫동안 애써서 빚을 갚아본 사람들마저 또 빚을 지기 시작했다. 빚에서 한 번 벗어났다가 다시 빚을 지게 되면 힘이 빠진다. 요요현상 후에는 다시 이전처럼 다이어트에 시도하기 힘든 것과 일반이다. 많은 경우 자포자기한다. 자신이 어렵게 이룬 성공에 대한 회의가 일어난다. 대부분의 재정 전문가들도 이쯤 되면 무용하다.

수입을 늘려라

빚 요요현상의 원인은 단순하지 않다. 신용카드를 꺼내서 다가위로 잘라버린다고 끝나지 않는다. 수입보다 많은 지출의 생활양식만 바꾼다고 해결되지 않는다. 삶의 전반적인 변화가 있어야 하고, 그것이 지속되어야 한다. 또한 각 개인이 속해 있는 전체 경제 시스템도 바뀌어야 끝낼 수 있는 문제다.

부채의 증가 속도를 보여주는 한 통계를 보면, 소득 증가 속도보다 부채 증가 속도가 매번 더 빠르다는 걸 알 수 있다. 속도의 차이는 계속 커지고 있다. 속도는 나이에 따라 다르게 나타난다. 가구주의 연령이 젊을수록 부채가 더 많았다. 최근에는 2012년 이후 처음으로 50대 부채의 평균을 30대가 넘어섰다(2020 가계금융 복지 조사). 시간이 흐를수록 더 많이 빚져야 하는 시대를 살고 있다는 뜻이다. 이렇듯 개인의 빚 문제 해결은 더 많은 것들과 연결되어 있다. 개인의 변화와 더불어 경제 사회의 전반적 변화도 함께 따라줘야 한다는 뜻이기도 하다.

문제가 무엇인지 알았으니, 답을 찾아보자. 빚 문제의 해법에는 2가지 옵션이 있다.

첫째 옵션은 경제 시스템을 바꾸는 것이다. 그동안 재정 전문가들이 가르친 것처럼 개인의 지출 습관을 통째로 다 바꾸어야 한다. 거기에 덧붙여 전체 경제 시스템도 바꾸어야 한다. 물가 증가율을 소득 증가율보다 줄여야 한다. 문제는 이렇게 하기가 불가능에 가깝다는 데 있다. 세상은 서로 연결되어 있고, 경제는 그야말로 모든 것들과 연결되어 있으니 세상을 통째로 다 바꾸어야 하는데, 이 옵션은 개인에게 너무 멀고 어렵다.

그렇다면 개인이 선택할 수 있는 옵션은 무엇일까? 바로 다음 두 번째이다. 그것은 물가 증가율을 뛰어넘는 수준의 소득을 만들어내는 것이다. 개인의 소득 수준을 바꾸는 것, 단순하게 말하자면 수입을 늘리는 것이다.

물론 두 옵션 다 어렵다. 하지만 상대적으로 보자면, 두 번째 옵션이 쉽다. 전체를 바꾸는 일보다 훨씬 효과적이고 간단하다. 개인의 수입을 늘리는 길로 가는 것이 전체 인플레이션의 문제를 바꾸는 것보다 더 쉽고 합리적이다.

어떻게 수입을 늘릴까

자, 그럼 질문이 생긴다.

"나는 어떻게 수입을 늘릴 것인가?"

성경은 하나님의 창조로 시작된다(창 1:1). 이어서 하나님이 사람에게 세상을 정복하고 다스리라는 대리 통치 명령을 주신다(창 1:28; 2:15). 물론 그 명령을 수행할 능력도 주었다 (창 1:27).

최초의 인류는 하나님을 배반함으로 그 임무를 저버렸다. 하지만 하나님은 구원 계획을 가지고 이들을 은혜로 추적하셨다. 그 명령은 신명기에서 가나안을 정복하고 다스리라는 것으로 이어졌다. 수입을 늘리는 것에 대한 이야기를 하고 있는 우리는 그중에서도 다음 구절을 놓칠 수 없다.

네 하나님 여호와를 기억하라 그가 네게 재물 얻을 능력을 주셨음이라 이같이 하심은 네 조상들에게 맹세하신 언약을 오늘과 같이 이루려 하심이니라 신 8:18

모든 부의 소유주이신 하나님은 당신의 백성에게 수입을 늘릴 능력도 주신다는 약속이다. 이것은 구약의 출애굽 백성에게만 적용되는 이야기가 아니다. 당신에게까지 내려온 하나님의 말씀이다. 출애굽 백성을 가나안 땅으로 보내신 분께서 이제는 예수님을 통해 구원 역사를 완성하시고 당신을 보내신다(마 28:19,20; 요 20:21). 그러니 신명기 8장 18절에 등장하는 '재물 얻을 능력'은 당신에게도 틀림없이 해당되는 말씀이다.

이 구절을 찬찬히 뜯어보면 '재물 얻을 능력'이 한 가지 조건과 맞물려 있음을 알 수 있다. 앞에 등장하는 "여호와를 기억하라"라는 것이다. 더불어 이 능력을 주시는 목적도 나온다. 그것은 뒤에 등장하는 '언약'을 이루시기 위함이다. 이것이 재물 얻을 능력의 조건과 목적인 셈이다. 이 둘을 각각 살펴보면서 수입 늘리기 이야기를 이어가보자.

여호와를 기억하라

네 살 아이에게는 총 쏘는 법을 훈련할 필요가 없고, 군인 아저씨에게는 기저귀 떼는 방법에 대한 설명이 어이없다. 항상 '왜'(why)가 '어떻게'(how)보다 중요한 이유다. 즉, 방법론보다 목적이 먼저다. 돈을 어떻게 버는가는 왜 버는가보다 나중 일이다.

신명기 8장 18절에 보면 재물 얻을 능력을 누가 주시는지에 대한 지식이 먼저 등장하며 강조된다. 더구나 명령형이다.

"네 하나님 여호와를 기억하라!"

이 한 문장에 당신 인생의 부가 걸렸다. 긴장감을 가지고 가까이 들여다보라. '재물 얻을 능력'은 이미 씨앗의 형태로 당신 안에 들어가 있으니 안심하라. 일단 저장해두고 천천히 꺼내 쓰면 될 일이다. 하지만 긴장해야 할 부분은 능력의 원천이신 하나님에 대한 지식이다. 뜯어보면 이렇게 3가지다.

첫째, 관계가 중요하다. 여기서는 '네 하나님'이라고 되어 있다. 소유격이다. 그 소유자를 보라. 자그마치 당신이다. 하나님이 당신의 것임을 자처하셨다.

둘째, 하나님의 이름이 나온다. '여호와'. 그분은 당신과 관계를 가지고 자신의 정체성을 보이신다. 그분은 자신이 누구인지를 당신에게 계시하신다.

셋째, 이 두 가지를 '기억하라!'라고 명령한다. 이는 의도적이다. 당신이 기억을 하지 않으니 강조해서 말씀하신다. 이미 기억하고 있다면 이런 명령은 애초에 하지 않으셨을 것이다. 하나님의 사람들은 자주 잊는다. 그분이 누구의 하나님이신지, 그리고 하나님이 누구신지를.

하나님이 맹세하신 언약대로

'재물 얻을 능력'의 뒷부분에는 그 능력을 주신 이유가 나온다. 하나님은 인격이시며, 또한 인격적이시다. 다른 말로 하자면 그분은 당신과 대화가 가능한 존재시며, 동시에 당신의 눈높이에 맞춰 설명해주는 분이시다. 그분이 재물 얻을 능력을 왜 주셨는지 이렇게 말씀하신다.

> 이같이 하심은 네 조상들에게 맹세하신 언약을 오늘과 같이 이루려 하심이니라 신 8:18

이 '언약'은 가깝게는 가나안 땅 정복, 멀게는 성경 전체를 관통하고 있는 구속 역사를 말한다. 에덴에서부터 시작된 '생.번.충.정.다'의 명령은 지금껏 변함없다(창 1:28; 단 6:26). 하나님은 오늘날의 교회 시대에도 자신의 백성에게 동일한 명령을 주신다(마 28:19,20). 이 세상은 하나님의 것이고, 이를 하나님의 청지기들이 올바로 정복하고 다스리기를 여전히 요구하고 계시는 것이다. 그러니 재물 얻을 능력의 근거는 능력 없는 당신이 아니다. 능력 많으신 하나님이시며, 그분은 직접 약속하셨다.

한 가지 더 짚고 넘어가야 할 것이 있다. '맹세하신'이라는 부분이다. 하나님은 맹세하실 필요가 없으신 분이다. 전지전능하신 분, 가장 탁월한 존재이신 분이 '맹세'와 어울릴 리 없다. 맹세란 오히려 능력과 신뢰가 없는, 못 미더운 인간이 할 법한 일이다. 그런 하나님이 왜 맹세를 하셨을까?

아빠의 출근길에 유치원생 딸이 울었다고 가정해보자.

"아빠, 가지 마요. 으앙~."

"사랑하는 딸, 염려 마. 아빠가 얼른 일 마치고 올게~!"

"아냐, 믿을 수 없어요. 안 올 것 같아요! 엉엉~."

"그럼 어쩌지? 아빠가 너 저녁밥 먹기 전에 온다고 '맹세'할게!"

이런 맹세의 이유는 아빠 존재의 신뢰 문제보다는 딸의 불신 때문이다. 신명기 요절에 등장하는 하나님의 맹세도 이와 같다. 하나님이 능력이 없어서가 아니다. 주께서 아끼시는 백성이 하나님을 믿지 못하기 때문이고, 또한 하나님이 이를 안타까워하시기 때문이다.

재물 얻을 능력이란 곧 믿음의 능력이다

재정 강의 중에 이런 명제를 말한 적이 있다.

"하나님은 재물 대신 재물 얻을 능력을 주십니다."

그때 한 청년이 반문했다.

"아닙니다, 목사님. 하나님은 재물 얻을 능력만 주시는 것
이 아닙니다. 때로 재물 그 자체를 주시기도 합니다. 제게 그
런 경험이 많습니다. 예를 들자면 단기선교에 필요한 여비를
구체적으로 기도했을 때, 하나님께서 기도한 액수에 정확히
맞는 금액을 제게 주셨던 일도 있었습니다."

맞다. 나도 같은 생각이다. 분명 하나님은 능력뿐 아니라
직접 재물도 주실 수 있다. 3가지 성경 사건이 떠오른다. 출
애굽 백성을 신비한 방법으로 먹이신 하나님(출 16:4), 엘리야
에게 까마귀를 보내시고, 사르밧 과부에게 양식을 제공하신
하나님(왕상 17:6-15). 오병이어로 남자만 5천 명을 먹이신
하나님(요 6:10) 이야기다.

3가지 이야기의 주인공은 모두 음식이 아니다. '믿음'이다.
하나님이 자신의 백성에게 공짜 도시락을 나눠주시는 이유
는 그때나 지금이나 한결같다. 재물 그 자체가 목적이 아니

라, 하나님이 어떤 분이신지에 대해 더 알고, 더 믿게 하기 위함이다. 청년의 경우에도 구하는 기도가 먼저 있었고, 그 이후 받는 일이 뒤따랐다. 이 때문에 그 청년은 공급하시는 하나님을 알게 되었고, 또한 믿음이 더 커졌다.

'재물 얻을 능력'의 다른 말은 '믿음의 능력'이다. 재물을 주시는 하나님에 대한 믿음, 그분이 당신을 청지기 종으로 대하신다는 믿음, 그리고 재물 얻을 능력 주시는 이유가 하나님의 약속 때문이라는 믿음 말이다.

믿음으로 기도를 시작하라

재물 얻을 능력에 대한 믿음을 사용하는 최고의 방법은 단연 기도다. 돈 염려에 대한 결론은? 기도다(마 6:19-34). 일용할 양식을 얻는 방법도 기도다(마 6:11). 그렇다면 기도를 하는 방법은 무엇일까? 믿음이다.

너희가 기도할 때에 무엇이든지 믿고 구하는 것은 다 받으리라

마 21:22

믿음은 '기억하라'는 명령과 이어진다. 앞서 기억하는 행위는 의도적인 것임을 떠올려보라. 재물 얻을 능력을 주시는 이

가 하나님이심을 믿는 자만이 그분을 기억하는 의도적 행위 역시 지속할 것이다.

기도는 하나님을 기억하는 사람의 특징이다. 하나님을 잊는다면 기도할 생각도 함께 사라지고 만다. 기도에 대한 중요성은 아무리 강조해도 부족하다. 기도하지 않고서는 기도의 능력을 알 길이 없다. 여기 기도에 대한 요절들을 인용한다. 큰 소리로 낭독한 후 기도부터 시작하자.

"구하라, 그리하면 너희에게 주실 것이요"(마 7:7).

"너희가 기도할 때에 무엇이든지 믿고 구하는 것은 다 받으리라"(마 21:22).

"너희가 내 이름으로 무엇을 구하든지 내가 행하리니"(요 14:13).

"너희가 무엇이든지 아버지께 구하는 것을 내 이름으로 주시리라"(요 16:23).

"너희 중에 누구든지 지혜가 부족하거든 모든 사람에게 후히 주시고 꾸짖지 아니하시는 하나님께 구하라 그리하면 주시리라"(약 1:5).

"너희가 얻지 못함은 구하지 아니하기 때문이요 구하여도 받지 못함은 정욕으로 쓰려고 잘못 구하기 때문이라"(약 4:3,4).

"그를 향하여 우리의 가진 바 담대함이 이것이니 그의 뜻대로 무엇을 구하면 들으심이라"(요일 5:14).

4천3백만 원이 생긴다면?

돈을 달라고 기도할 때, 주시는 분이 누구신지를 제대로 기억한다면 받을 수 있는 액수는 사실 무한대이다. 무슨 말인가? 당신이 기도로 구하고 있는 금액이 2천만 원이라고 가정해보자. 그 돈은 어쩌면 당신의 주머니 크기에 비하면 큰 금액일 것이다. 그러나 기도의 대상인 하나님의 크기에 비한다면 어떤가?

당신이 기억해야 할 하나님의 정체성이 있다. 그분은 창조주, 온 우주의 원인이며 동시에 주인이시다. 그분 앞에서 2천만 원이란 많고 적음을 따질 수 조차 없을 정도로 터무니없이 적은 돈이다.

사실 이렇게 따지기 시작하면 얼마를 구하든 적다. 2천만 원이 아니라 2천억 원, 혹은 2천억 달러라 해도 그렇다. 심지어 전 지구의 모든 재물을 구해도, 전 우주의 모든 자원을 달라고 하더라도 마찬가지다. 하나님의 크기에 비해 보이지도 않는 수량이다. 이때 우리에게는 질문이 하나 생긴다.

'그런데 왜 안 주실까?'

이 질문에 답하기 위해 다른 질문을 해보자.

"당신에게 갑자기 4천3백만 원이 생긴다면 어떻게 하겠습니까?"

앞에서도 한 번 생각해보았던 질문이다. 어느 정도 책을 읽어온 지금 다시 답해보자. 심장이 두근거리더라도 급할 것 없다. 잠시 책 읽는 것을 멈추고 노트에 한번 적어보라. 떠오르는 대로 답을 적어보라. 다 적었다면 이야기를 이어나가보자.

이르시되 어떤 귀인이 왕위를 받아가지고 오려고 먼 나라로 갈 때에 그 종 열을 불러 은화 열 므나를 주며 이르되 내가 돌아올 때까지 장사하라 하니라 눅 19:12,13

그 첫째가 나아와 이르되 주인이여 당신의 한 므나로 열 므나를 남겼나이다 눅 19:16

여기에 등장하는 한 므나가 4천3백만 원쯤 된다. 예수님 당시의 '1므나'에 대한 현재 시세이다. 누가복음의 므나 비유를 이런 식으로 따져보면 첫째 종은 장사를 해서 약 4억3천4백만 원을 가져왔다. 둘째 종 역시 약 2억1천7백만 원을 주인에게 남겨드렸다. 하지만 마지막에 등장하는 종은 받은 그대로 돌려드렸다.

이윤을 남긴 종들과 아닌 종 사이에는 2가지 차이점이 있었다. 리스크를 감당했는가와 주인에게 더 큰 것을 받았는가 하는 것이다. 이윤을 남긴 종들에게는 리스크를 감당하는 믿음이 있었다. 주인은 장사하도록 했고, 청지기 종들은 위험을 감수해야 했다. 여기서 최악의 상황을 말하자면 한 므나를 잃는 것이었다. 그럼에도 불구하고 이들이 도전할 수 있었던 이유는 2가지 믿음 때문이었다. 하나는 성공에 대한, 다른 하나는 한 므나를 맡긴 주인에 대한 믿음이었다. 마지막 청지기 종에게는 이 2가지 믿음이 없었다. 그 대신 무서움만 있었다.

이쯤에서 4천만 원에 대한 당신의 대답을 살펴보자. 뭐라고 썼는가? 그 내용은 이윤을 남기는 쪽으로 움직이고 있는가? 리스크를 감당하는 투자인가? 맡기신 예수님에 대한 신뢰가 들어 있는가?

므나 이야기는 천국에 대한 예수님의 비유 말씀이다. 왕위를 받으러 가신 분은 예수님이시고, 한 므나씩 받은 청지기 종들은 우리다. 이야기의 결론은 내게 섬뜩하다. 첫 번째와 두 번째 종들보다는 자꾸 마지막 종이 떠올라서다. 그는 모든 것을 빼앗기고, 주인의 왕권에 참여하지도 못했다(눅

19:24-26). 칭찬받은 첫 번째와 두 번째 종은 주인의 왕권에
참여하게 되었다.

> 주인이 이르되 잘하였다 착한 종이여 네가 지극히 작은 것에 충
> 성하였으니 열 고을 권세를 차지하라 하고 … 주인이 그에게도
> 이르되 너도 다섯 고을을 차지하라 하고 눅 19:17,19

이야기의 원리를 당신에게 가져와보라. 지금 구하는 돈이
얼마인가? 그것은 다시 오실 예수님에게는 터무니없이 작은
돈일 것이다. 하지만 당신은 그것을 구해야만 한다. 거기서
시작해야 한다. 이를 통해 '지극히 작은 것'에 대한 '충성'을
보여야 하며, 이는 이윤 열매로 나타나야 한다.

성경은 진리라 어제나 오늘이나 동일하다. 예수님이 다시
오실 때, 당신의 관리 능력을 볼 것이다. 물론 이야기에 등장
하는 '므나'는 돈만 이야기하는 것은 아니다. 동시에 이것은
분명히 돈 역시 포함하고 있는 비유다.

예수님의 이름으로 세계 정복

모든 성장은 점진적이다. 천천히 자라야 건강하고 풍성하
다. 여름 논에서 벼를 잡아당긴다고 쌀가마니를 빨리 얻을

수는 없는 것과 같다. 재물 얻을 능력도 점진적이다. 작은 것에 대한 충성에서 시작해서 늘려가야 한다. 근육에 비유하자면, 무게를 조금씩 늘려가며 훈련해야 하는 식이다. 여기에는 목표지점이 있다. 무턱대고 근육만 키우면 근육돼지가 될 뿐이다. '무엇을, 어떻게'보다 '왜'가 더 중요하다. 당신은 하나님의 청지기 종이다. 당신의 주인이신 예수님의 기대를 향해 성장해가야만 하는 인생이다. 그 끝에는 진정한 왕의 복귀와 복음 전파 명령 완수가 있다.

이 천국 복음이 모든 민족에게 증언되기 위하여 온 세상에 전파되리니 그제야 끝이 오리라 마 24:14

세계 복음화가 재력 성장의 종착지다. 이것이 당신의 운명이다. 예수님의 이름을 모든 민족에게 전하는 일을 수행하는데 필요한 재물을 얻을 능력자가 되라.

 조언

군대에서 사격 훈련을 할 때였다. 100퍼센트 명중이 임무였다. 이것을 완수해야만 내무실로 복귀할 수 있었다. 저녁에 시작된 훈련은 자정까지도 끝나지 않았다. 하필 달도 초승달이었다. 날은 추웠고 다들 피곤했던 기억이 난다. 과녁과 거리는 낮보다 훨씬 더 가까웠지만 타깃 식별이 어려웠던 것이 문제였다. 제대 후 어려운 문제를 만나면 가끔 그때의 교훈이 떠오른다.

타깃이 분명해야 겨냥해도 소용 있다. 그러고 보면 예수님의 타깃은 언제나 선명했다. 그분의 생애는 십자가 한 지점을 향해 진행되었다. '왜'가 분명한 삶이었다. 공생애 사역의 시작점부터 목적을 선언하셨고, 마지막에는 "다 이루었다"라고 하심으로 미션 완수를 천명하셨다(눅 4:17-21; 요19:30). 시작도 끝맺음도 분명하셨던 분이다.

예수님의 사람들도 이와 같았다. 한 청지기 종은 이렇게 말했다.

푯대를 향하여 그리스도 예수 안에서 하나님이 위에서 부르신 부름의 상을 위하여 달려가노라 빌 3:14

예수님의 사람들 역시 푯대를 향해 달리고 있다. 예수 그리스도의 장성한 분량에 이르기까지 전심 전력 중이다(엡 4:13). 당신도 다름없다. 수입을 늘리는 건 어려운 미션이다. 이것은 초승달 아래 보이지 않는 야간 사격 타깃처럼 막연하다. 하지만 이미 많은 사람들이 완수했던 미션이다. 당신도 목표물을 선명히 그려보는 일로 출발해보라. 지금

구하고 있는 금액을 다음과 같이 적어보라.

1. 왜 필요한가?

2. 얼마가 필요한가?

3. 재물 얻을 능력을 만들기 위해 어떤 일을 시작할 것인가?

4. 리스크 감당에 대한 믿음이 있는가?

5. 예수님에 대한 믿음이 있는가?

 정리

실질적 가난이 평균을 이루는 시대가 왔다. 여기서 크리스천인 당신은 방어보다는 공격 전략을 취하는 편이 더 낫다. 수입을 늘리는 전략. 이를 위해서 신명기 8장 18절의 말씀을 붙들고 기도와 믿음으로 재물 얻을 능력을 키워가라. 현재 맡은 돈(크지 않더라도), 거기서 시작해보라. 이전과 다른 목적과 방식으로 관리하며, 큰 리스크를 감당할 만한 믿음을 추구하라. 주인 되신 예수님의 기대에 부응하는 분명한 목표지점을 향해 땅 끝까지!

6원리

가난한 자라도
경작하면 부하게 된다

선교적 그리스도인들은 불가능해 보이는 것들을 구하고, 하나님께서 '구하거나 생각하는 모든 것에 더 넘치도록 능히 하실'(엡 3:20) 것을 신뢰하며 담대한 기도를 올린다. 우리는 오늘날 가장 위대한 기적, 곧 모든 사람들의 구원을 위해 간다. 불가능해 보이는 그 어떤 것일지라도 주께는 가능하다. _ 제프 아이오그

사랑은 마음의 문제다

"저는 돈을 사랑하지 않아요. 저는 엄청 가난하다구요."

이 말은 틀렸다. 가난한 사람도 얼마든지 돈을 사랑할 수 있다. 앞서 나는 '염려'가 맘몬 숭배의 증세라고 했다(3원리, 마 6:24-32). 만약 돈에 대한 염려가 있다면 부자뿐만 아니라 가난한 자라도 맘몬 숭배자일 수 있다. 이렇게 자문해보자.

'나는 돈을 사랑하는가?'

이 질문에 답하기 쉽도록 '연인'을 예로 들어보겠다. 사랑을 하게 되면 연인과 최대한 많은 시간을 함께 보내고 싶어진다. 항상 그를 생각하고, 작은 언행에도 크게 반응하며 쉽게 감동받거나 두려워하기도 하고 상처도 받는다. 함께하면 기쁘기 그지없고, 싸우거나 헤어지면 오랜 시간 가슴 아프다.

사랑함은 그런 것이다. 이제 연인의 자리에 돈을 넣어 생각해보자. 종일 돈을 생각하고, 돈과 함께 있으면 행복하며, 돈의 작은 몸짓에 크게 반응하고, 돈을 잃으면 상처받거나 슬퍼졌다가 돈이 오면 치유되고 기뻐하는 상태를 보이는가? 혹은 하루의 성공이나 실패가 돈이 있고 없음에 달려 있다고 생각되는가? 그렇다면 돈을 사랑하고 있는 것이다. 이런 모습은 가난할 때조차 얼마든지 가능하다.

돈 사랑의 뿌리는 마음에 있다. 열매의 상태가 좋지 않다거나 상했다면, 나무나 뿌리의 건강을 살피는 게 먼저다. 돈 염려를 열매로 본다면, 돈 사랑은 나무에 일어난 질병과 같다. 돈을 사랑하는 것은 마음의 문제다. 마음을 고치면 돈에 대한 염려와 사랑을 쉽게 바꿀 수 있다.

마음은 하나님이 맡기신 것

성경은 마음을 4가지로 정의한다.

첫째, 마음은 존재의 집이다. 심지어 외모조차 마음이 결정하기도 한다(잠 15:13). 둘째, 마음은 영혼의 집이다. 에스겔 선지자는 하나님께서 '새 영'을 부어주실 것을 예언했는데, 이는 '새 마음'과 함께 부어진다(겔 36:26). 셋째, 그 밖에도 마음은 '생명의 근원'이자 '믿음의 근원'이다(잠 4:23; 롬 10:10). 끝으로, 마음의 출처는 하나님이시다. 당신의 마음은 하나님이 당신에게 맡겨주신 것이다.

마음에 대한 이러한 정의들 중에 시편 말씀은 더욱 눈에 띈다.

또 여호와를 기뻐하라 그가 네 마음의 소원을 네게 이루어 주시리로다 시 37:4

마음은 하나님께 받은 것이다. 이것을 주님의 기쁨이 되도록 사용해야 함은 성경 도처에 반복하여 등장한다. 마음으로 하나님의 뜻을 행하고(엡 6:6), 마음을 감찰하시는 하나님을 기쁘시게 하며(살전 2:4), 하나님의 '기쁘신 뜻을 위한' 소원을 행하길 원하신다(빌 2:13).

당신의 마음은 당신의 것이 아니다. 이조차 주인께서 당신께 의탁하셨다. 당신은 당신의 마음을 맡은 청지기 종이다. 흔히 말하는 '내 맘대로'가 당신에게는 해당되지 않는 이유다. 마음을 하나님을 향해 '확정'하고, 예수님의 마음으로 바꿔가야 한다(시 57:7; 롬 15:5).

믿음은 마음에서 나온다

마음으로 당신이 해야 할 일이 있다. 그것은 믿음을 담는 일이다. 믿음은 곧 관점이다. 예를 들어 물 반 컵이 있다고 해보자. 누군가는 거기서 물이 반밖에 없음을 본다. 또 누군가는 물이 반이나 있는 것을 본다. 현상은 같은 데 관점이 다르다. 전자는 불신이고, 후자는 믿음이다. 반 이하의 것을 보는가 아니면 반 이상의 것을 보는가로 갈린다.

다시 나무 이야기를 해보자. 씨앗에서 씨앗만 보면 불신이다. 믿음은 씨앗에서 과수원이나 숲을 보려는 경향성이다. 보이는 것을 넘어서는 특별한 관점을 갖는 것이다.

믿음은 현실을 뛰어넘는다. 당신은 사물과 환경을 어떻게 바라볼지 스스로 결정할 수 있다. 성경에 등장하는 믿음의 조상들을 보라. 그들은 남다른 관점을 가지고 살았다(히 11:1-40).

돈에 대해서도 새로운 관점을 마음에 담아야 한다. 돈을 어떻게 쳐다보느냐에 따라 맘몬 숭배와 신앙이 나뉜다(마 6:22). 먹고 살 일 때문에 염려하는 관점을 마음에 담으면 맘몬 숭배의 열매가 열린다. 그 대신 '먼저 그의 나라와 그의 의를 구하는' 관점을 담으면 하나님을 섬기는 밝은 마음이 된다(마 6:21-24, 31, 32).

믿음이 현실을 바꾼다

가난이란 상대적 개념이다. 이는 관점의 차이가 만들어내는 허상이다. 실상은 마음에서 시작한다. 자신의 재정 상태를 어떻게 보느냐에 따라 보이지 않는 곳에서 이미 부와 빈이 나뉜다.

큰 빚을 진 두 사람이 있다고 생각해보자. 1억 원의 빚을 진 두 사람이다. 이들의 관점은 서로 다르다. 한 명은 '나는 빚이 많아서 망했다'라고 염려한다. 현상 이하의 것을 보는 관점을 가졌다. 또 다른 사람은 '나는 빚질 능력이 1억 원어치나 있다!'라는 긍정적 시각을 가졌다. 현상은 같다. 1억의 빚. 다만 후자는 현실 이상의 관점을 가지고 있다. 당신이 보기에 둘 중 누구의 마음에 믿음이 담겨 있는가? 이들 중 누가 직면한 빚 문제를 더 잘 해결해낼 것 같은가?

또 다른 예를 들어보자. 구약 사무엘 시대에 이스라엘이 블레셋의 공격을 받았다. 그들은 이때 골리앗에게서 골리앗을 봤다. 현실에서 현실만 본 것이다. 성경은 그들의 관점을 정확히 묘사한다.

골리앗은 분명 두려운 상대였다(삼상 17:4-10). 이스라엘은 두려운 이에게서 두려움을 느꼈다. 사실을 사실로 해석해서 마음에 담은 그들에게는 언뜻 잘못이 없어 보인다. 그러나 이스라엘의 정체성을 생각해보면 이는 하나님에 대한 죄였다. 불신을 마음에 담았기 때문이다. 그들은 하나님께 마음을 받아 맡은 종들이었다. 그러니 마땅히 마음을 하나님의 뜻대로 써야 했다. 현실에서 현실 이하의 것을 보는 시각은 그들에게 게으름이었다. 해야 할 일을 하지 않는 상태였다.

한편, 이어지는 장면에서 반전이 등장한다. 두려워 떠는 불신 이스라엘과 대조적인 한 소년이다. 그는 다른 관점을 마음에 담고 나왔다. 그의 이름은 다윗이다. 사실을 사실로만 보지 않았던 한 사람. 다윗의 남다른 관점은 다음과 같았다.

> 엘 군대의 하나님의 이름으로 네게 나아가노라 ⋯ 전쟁은 여호와
> 께 속한 것인즉 그가 너희를 우리 손에 넘기시리라 삼상 17:45,47

이후의 이야기는 당신이 아는 대로다. 소년이 거인을 쓰러
뜨렸다. 다른 관점이 다른 결과를 만들어냈다. 현실 이하의
것을 봤던 불신 이스라엘은 현실 이하의 행동으로 현실 이하
의 결과만 가져왔다(삼상 17:24). 그러나 믿음의 관점을 가졌
던 소년은 현실 이상의 행동으로 현실 이상의 결과를 만들어
냈다(삼상 17:48-58).

불신과 신앙은 마음에 담은 관점이다. 눈에 보이지 않는
다. 하지만 원인으로 작용해서 다른 결과를 가져온다. 그 결
과는 눈에 보인다.

마음이 소명에 집중하면 돈 염려에서 벗어난다

믿음과 염려는 서로 반비례한다. 염려가 들어찬 마음으로는
하나님의 기쁘신 뜻대로 행할 수 없게 된다. 하나님은 자신
의 소유를 마음과 함께 우리에게 맡기셨다. 우리에게는 청지
기 종으로 살며 그분이 맡기신 재화를 선용해야 할 책임이 있
다. 이것은 소명이다. 하나님의 뜻대로 하나님이 주신 모든
것을 관리하는 것. 이에 마음을 집중하면 돈 염려와는 헤어

질 수 있다. 여기에 청지기의 마음 관리 8가지 팁이 있다.

첫째, 현실에 집중하는 것이다. 염려하게 되면 '내일' 아무 것도 할 수 없는 상태를 '오늘'부터 만들게 된다. 예수님은 "내일 일을 위하여 염려하지 말라"라고 명령하셨다(마 6:34). 염려는 현실에 집중할 수 없게 만들어서 내일까지 망치는 마음이다.

둘째, 세상 모든 것이 다 하나님의 것임을 기억하는 것이다. 결핍은 우리를 염려로 이끈다. 하지만 그때를 모든 것이 하나님의 것이라는 진실을 다시 생각할 수 있는 기회로 삼으라(시 24:1). 그러면 염려에서 끝나지 않고 기도로 들어가게 된다(빌 4:6,7).

셋째, 돈 염려가 생길 때마다 자동적으로 하나님을 찬양하고 경배하는 것이다. 특히, 하박국의 노래를 추천한다. "비록 무화과나무가 무성하지 못하며 포도나무에 열매가 없으며 감람나무에 소출이 없으며 밭에 먹을 것이 없으며 우리에 양이 없으며 외양간에 소가 없을지라도 나는 여호와로 말미암아 즐거워하며 나의 구원의 하나님으로 말미암아 기뻐하리로다"(합 3:17,18).

넷째, 염려 우상 대신 예수님을 선택하는 것이다. 돈은 아무것도 아니지만, 돈에 대해 염려하면 그것은 맘몬으로 바뀐다. 돈에 우상 숭배의 힘을 실어줄 필요가 전혀 없다. 그래서 우리는 염려를 섬기지 않는다. 무조건 예수님만 섬기면 된다. 이를 위해 돈 염려가 찾아올 때마다 "예수 그리스도!"를 외쳐 보면 어떨까? 한 번으론 부족하다. 열 번씩 큰 소리로 외쳐 보자. 아니, 주님이 주시는 평강이 임할 때까지 부르짖자(요 14:27).

다섯째, 가난과 거룩은 동의어가 아님을 기억하는 것이다. 앞서 이야기한 것처럼, 돈 자체가 문제가 아니다. 부를 대하는 마음의 관점이 문제다. 마음에 따라 거룩한 가난만큼이나 거룩한 부도 가능하다(빌 4:11-13). 한편 '거룩'은 예수님을 통해서만 가능하다. 우리는 가난으로 거룩을 증명하는 사람들이 아니다. 오히려 예수님을 위해 가난이든 부든 선용하려는 사람들이다.

여섯째, 불의의 재물로 친구를 사귀는 것이다. 돈 문제에 있어서 빛의 아들들보다 더 지혜로운 이 세대의 아들들을 보며 경각심을 갖자(눅 16:8). 세속적인 재물이라도 당신의 손을 통과하면 거룩해지도록 지혜를 구하라. 어떤 재화든 하나님이 맡겨주신 것으로 믿고 부지런히 이윤을 남기려는 방향으로 움직여라(눅 16:10-12).

일곱째, 돈 염려를 지속하면 죽는다는 사실을 기억하는 것이다. 염려의 출처는 '두 주인'을 섬기려는 태도다(마 6:24).
우리는 하나님과 재물(맘몬)을 겸하여 섬기지 못한다. 만약
누군가가 두 주인을 섬기기를 지속한다면, 그는 우상 숭배
자의 말로를 맞을 것이다(렘 5:21).

여덟째, 먼저 그의 나라와 그의 의를 구하는 것이다. 예수
님이 말씀하시는 돈과 염려의 결론은 이것이다. "먼저 그의
나라와 그의 의를 구하라 그리하면 이 모든 것을 너희에게
더하시리라"(마 6:33). 염려는 종착점이 아니라 기도의 출발
선이다.

가난에 대한 세 가지 자기 합리화

마음을 맡은 청지기라면, 이제는 마음에 다른 관점을 담는
일을 해야 한다. 믿는 일이 그의 업무다. 설사 가난한 상황이
라도 원리는 같다. 현실 그 이상의 것을 보는 방향으로 움직
이는 것이다. 부는 이런 식으로 마음에서 출발한다.

믿음을 가지라는 말은 현실 도피를 하라는 뜻이 아니다.
혹은 '우주가 도울 테니 그저 긍정적인 마음을 가지라'는 식
의 자기 위로도 아니다. 가난이 잘한 일이라는 것도, 세상 경
제 시스템이 잘못되었으니 안심하라는 말도 아니다. 그런 말
들을 하려는 게 아니다. 내 말은 변화는 순차적이니 차근차

근 바꾸어가라는 것이다. 마음에 믿음 담는 일부터 시작하여 변화를 추구하라는 이야기다.

오늘의 가난은 수많은 어제가 쌓여 만들어낸 결과물이다. 이에 대해 대부분의 사람들은 외면한다. 문제를 해결하려 들기보다는 그저 합리화함으로써 유지하며 산다. 그 영역은 각각 실패, 불신, 그리고 정욕이다.

첫째, 실패에 대한 자기 합리화이다. 설명을 위해 철수라는 사람이 있다고 해보자. 그는 수십 년 동안 여러 방법들로 가난에서 벗어나고자 애써왔다. 모두 실패했다. 이후 철수는 생각했다.

'부는 악한 것이야. 오히려 가난이 선한 것이지! 나는 교회 다니고 착하니까 그냥 가난하게 사는 게 맞아. 이게 하나님의 뜻이야.'

어디서 많이 들어본 합리화 아닌가? 그렇다. 이솝우화에 나오는 이야기이다. 굶주린 여우가 포도를 발견했지만 너무 높은 데 매달려 있어 먹는 데 실패했다. 그 여우는 먹지 못한 포도를 바라보면서 '저 포도는 너무 셔서 못 먹을 거야'라며 스스로 위안을 삼았다는 이야기이다.

둘째, 불신에 대한 자기 합리화이다. 철수는 가난을 운명으로 생각했다. 그는 매사에 소극적이었고, 불신의 관점으로만 현실을 보니 현실 이상의 것에 도전하지 못했다. 가난에서 벗어날 어떤 기회가 오더라도 붙잡지 않는다. 그저 오랫동안 살아온 가난의 방식을 더 편하게 여겼다. 경험 세계 바깥에 존재할 법한 일을 향한 노력은 불편하다며 싫어했다. 흔히 말하는 우물 안 개구리였다. 평생 살아온 우물 안에서 올려다본 하늘은 우물 크기를 벗어나지 않는다. 벽을 기어오르는 노력이나 위험 감수는 아예 생각도 하지 않고 산다.

셋째, 정욕에 대한 합리화이다. 합리화를 하는 사이 철수는 가난과 동화되었다. 이제는 가난이 그의 정체성이 되었고, 궁상스러운 삶은 그의 라이프 스타일이 되었다. 그는 수동적이었다. 가난에서 벗어나기 위한 새로운 수입원을 찾을 만큼의 믿음 에너지는 없어진 지 오래였다. 가난이 만들어낸 온갖 문제들 앞에서 해결책을 찾을 힘도 없었다.

하지만 시간이 흐를수록 철수는 가난을 싫어하게 되었고, 가난을 감추고 싶은 욕구가 커졌다. 철수는 결국 가난을 포장하기 시작했다. 그의 인터넷 쇼핑몰 장바구니에는 온갖 좋은 물건이 수십개씩 담겨 있다. 꼭 필요한 물건들이 아니라 있어 보이고 싶은 욕구가 만든 현상이다. 마음에 소비욕이 담기기 시작했고, 이런 일이 반복되다 보니 더 가난해졌다.

수입이 생기는 족족 방향성 없는 소비로 무조건 탕진해버리기 시작했다. 그러면서 문제는 더 커지고 환경 변화를 위한 새로운 시도는 전혀 없었다. 그저 소비욕만 커지고 있었다. 마치 탕자 같았다(눅 15:13).

관점이 바뀌어야 경작할 수 있다

가난은 많은 문제를 가져온다. 그중 가장 큰 것은 가난이 소명 실행의 장벽이 될 때다. 하나님은 아담에게 온 세상에 대한 통치권을 주셨다. 아담과 하와의 범죄 이후 인류는 그 권력을 잃었지만, 이제 구원자 예수님을 통해 회복되었다. 당신에게는 전 세계를 예수님의 이름으로 복음화해서 정복하고 다스리는 업무가 재할당되었다. 여기에는 궁상스러운 삶이 어울리지 않는다.

물론 예외는 있다. 소명 때문에 일부러 선택한 청빈이다. 그러나 예외 상황에서도 기억해야 할 것은 '영향력'이다. 내 통장에 500원만 있다면 그는 틀림없이 가난한 사람일 것이다. 그럼에도 불구하고 만약 그에게 남의 돈을 500억 원어치 사용할 영향력이 있다면? 그는 결코 가난한 사람이 아니다.

믿음의 선배들 중 감리교의 창시자 존 웨슬리를 떠올려보라. 그는 가난을 선택했던 복음 전파자였다. 그럼에도 그의 영향력은 막대한 재물을 움직였다. 그가 사후 남긴 재산이라고는 은수저와 동전 몇 푼이 전부였다. 그럼에도 웨슬리는 결코 가난하지 않았다.

당신은 창조주의 청지기 좋이다. 이미 부자다. 당신은 가난과 서로 어울리지 않는 존재가 되었다. 이 관점을 마음에 품는 것이 부의 시작이다. 당신에게는 가난을 보는 남다른 시각이 필요하다. 앞서 이야기했던 세 가지 합리화를 포기하라. 이렇게 소리 내서 말해보라.

"나는 창조주의 종으로서 부는 이미 나의 것이 되었습니다. 나는 가난을 포기합니다!"

"가난은 나의 운명이 아닙니다. 창조주께서 내게 맡기신 모든 것을 선용하여 더 큰 세계로 나가는 것이 나의 운명입니다. 이에 나는 우물을 포기하고 벽을 기어오르는 리스크 테이킹을 기꺼이 하겠습니다!"

"가난의 영은 나와 상관이 없습니다. 나는 내가 만들어낸 모든 가난의 라이프 스타일을 포기하고 하늘 아버지 집으로 돌아왔습니다. 나는 더 이상 돼지 쥐엄 열매로 허기를 달래려는 탕자와 같은 사람이 아닙니다. 나는 가난한 소비에서 벗어나겠습니다. 그리고 '돈이 되는 소비'를 하겠습니다!"

가만, '돈이 되는 소비'라고?

가난 경작자는 '돈소'를 한다

'돈소'란 '돈이 되는 소비'를 말한다. 이것은 단지 써서 없애버리는 소비 성향의 반대로, 가난 경작의 중요한 요소이기도 하다. 돈소를 설명하려면 잠언 말씀부터 읽어야 한다.

> 가난한 자는 밭을 경작함으로 양식이 많아지거니와 불의로 말미암아 가산을 탕진하는 자가 있느니라 **잠 13:23**

가난한 자에게라도 밭이 있다. 진짜 아무것도 없는 사람은 없다. 아무리 가난해도 뭐라도 있다. 예를 들어, 가진 게 빚뿐이라면 적어도 빚지는 능력은 있는 셈이다. 가난 경작은 가난을 선용한다. 현재의 가난에서 새로운 일을 시작한다. 당신의 현재 상태를 무시하지 말라. 한 므나를 받았다면 거기서 출발해야만 한다.

그 다음 단계는 돈소를 행하는 것이다. 아무리 가난해도 재화를 사용하며 살게 되어 있다. 어떤 식으로든 소비가 이뤄진다는 것이다. 가난을 경작하려면 이때 소비의 방향성이 분명해야 한다. 탕자처럼 그저 소비를 위한 소비를 중단해야 하고, 돈이 되는 소비로 대체해야 한다.

돈소는 기존의 소비와 방향이 다르다. 예전에는 써서 없애

는 식으로 소비를 했다면, 가난 경작자는 수입을 더 만들어
내는 쪽으로 소비를 해야 한다. 이는 평범하지 않다.

1. 돈소는 남다른 소비다

평범함을 거부하라. 당신의 정체성은 청지기 좋다. 이는
남다른 캐릭터다. 세상에 흔치 않은 직위다. 당신은 이미 남
다른 길로 들어와 살고 있다. 예수님 믿는 신앙생활자다. 그
러니 당신의 모든 것은 달라야 한다. 물론 소비도 남달라야
한다.

이제 소비욕을 거절하라. 그 대신 모든 소비활동에 수익
구조에 대한 사전 점검이 이뤄지도록 습관을 바꾸라. 므나
비유를 따르자면 '10배의 수익'으로 방향성을 잡으라. 100
원을 쓸 일이 있다 하자. 그러면 그 소비를 통해 당신에게 천
원이 생기게 하려면 어떻게 할지 먼저 생각하라. 어디에 얼마
를 쓰든 그렇게 하라. 어떤 소비든, 그 때문에 차후 일어날
10배의 이득 잠재력을 지닌 소비가 되도록 디자인하라.

2. 돈소는 필요와 욕심을 구별한다

돈소는 미리 준비해야 가능하다. 이득이 남는 쪽으로 소비
하는 일은 즉흥적으로 될 일이 아니다. 사전에 계획하고 점검

하고 따져봐야 한다. 현재 가진 것에서부터 출발하면 쉽다.

다음과 같이 실험해보자. 당신의 주거공간을 둘러보라. 거기서 물건들이 차지하는 면적은 몇 퍼센트 정도 되는가? 만약 당신이 물건들에 치여 살고 있다면, 불필요한 물건을 내다 버리는 일부터 해보라. 아깝더라도 버려보라. 거기서 교훈을 얻어보라. 필요해서 소유한 것이 아님을 발견하라. 소유욕이 불러온 물건들이 얼마나 많은지 후회하는 데서 돈소를 다짐하라.

3. 돈소는 자기 성장을 포함한다

물건 정리를 하면 버리는 것들이 매우 아까울 것이다. 이때 잊지 말아야 할 것이 있다. '자기 계발'도 중요한 잠정 가치라는 것이다. 부자는 정체성이라 했다. 결국 사람의 문제다. 그런 면에서 개인의 성장을 위한 소비는 투자로 볼 수 있다. 이것은 돈소다.

반면 스트레스를 해소하기 위한 소비 품목들도 있을 것이다. 욱해서 구입한 물건들이 그 예다. 당장은 큰 이득이 안 되지만 당신의 성장을 돕는 물건은 남겨라. 그러나 불안을 해소하려고 즉흥적으로 구입한 물건들은 내쫓아라.

4. 돈소는 소명의 확신에서 나온다

군대에서는 보급품이 정해져 있다. 숫자도 동일하다. 필요 이상의 물품을 함부로 구입할 수도, 개인적 의견으로 기본 품목을 제거할 수도 없다. 이는 소명 때문이다. 군인은 자신이 누구인지, 언제 무엇을 해야 하는지 안다.

돈소의 기본 자세는 소명에 대한 확신이다. 당신이 필요와 욕구를 구별하려면 자신이 누구인지를 알아야 한다. 소명에 대한 지식이 돈소보다 먼저다. 당신은 무엇을 하는 사람인가? 소명에 대해 신학자 오스 기니스는 이렇게 말했다.

"소명이란, 하나님이 우리를 너무나 결정적으로 부르셨기에, 그분의 소환과 은혜에 응답하여 우리의 모든 존재, 우리의 모든 행위, 우리의 모든 소유가 헌신적이고 역동적으로 그분을 섬기는 데 투자된다는 진리다."

하나님과 당신 사이의 관계가 중요하다. 거기서 소명의 확신이 나온다. 이것 없이는 어디에 얼마를 써야 하는지 알 길이 없다. 그저 욕구나 세상 문화를 따라 흐를 뿐이다.

5. 돈소는 하나의 목적을 향한 소비다

어디에 얼마가 필요한가? 대부분은 이 질문에 답하지 못한다. 그저 돈은 많을수록 좋다는 막연한 생각뿐이다. 그래서 즉흥적 소비로 이어지고 돈소에서 멀어진다. 돈소자는 소득부터 관리한다. 쓰임새에 맞게 돈을 준비하는 태도를 가진다. 소명 이행을 위한 도구로써 돈을 보기 때문에 가능한 일이다.

월급보다 지혜를

아까 등장했던 철수를 다시 초대한다. 그에게 소명에 대한 확신이 생겼다. 딸기를 좋아했던 철수는 유럽에 유기농 딸기 농장을 세우겠다는 계획을 세웠다. 그의 청사진에 근거하면 30억이 필요했다. 이것은 소명이라 반드시 달성해야 하는 업무였다.

그러나 철수에게는 30억은커녕 30만 원도 없었다. 다만 건강한 몸이 있었다. 그는 관련 업계 농장에 취직을 감행했다. 사업 시작을 위한 노하우를 쌓기 위함이었다. 그는 일하면서 '지혜'를 얻었다. 잠언 말씀대로였다.

이는 지혜를 얻는 것이 은을 얻는 것보다 낫고 그 이익이 정금보다 나음이니라 잠 3:14

철수는 이후로도 3년씩 각 2개의 농장과 2개의 딸기 관련 기업에서 일했다. 이때 얻은 지혜로 그는 국내에서 작은 가게를 하나 시작했다. 처음에는 6평짜리 가게를 얻어 그간의 노하우를 실험했다. 또 3년이 흘렀다.

철수는 어느 정도 자신의 노하우에 대한 실험을 마쳤고, 방법론도 생겼다. 사업에 대한 확신은 더 커졌다. 이번에는 빚을 얻어 회사 법인을 설립했다. 장사 기간에 얻은 인맥을 중심으로 투자자도 모집했다.

이상의 과정에서 철수는 계속 소비 생활을 했다. 하지만 모두 하나의 목적을 향했다. 그것은 소명에서 나왔으며 소명을 향했다.

 조언

당신이 만약 가난하다면 둘 중 하나다. 하나는 능동적 가난이다. 이는 가난을 자발적으로 선택한 경우다. 주인께서 당신에게 주신 독특한 미션이 있어서 일부러 가난을 택한 것이다.

다른 하나는 수동적 가난이다. 한마디로 어쩌다보니 가난해진 경우다. 대물림된 가난일수도 있고, 실패나 건강, 혹은 여러 문제들로 쪼들리게 된 상황이다.

예수님의 달란트 비유에는 수동적 가난이 나온다. 청지기 종의 자세를 저버리고 살아온 결과 다 빼앗긴 사람이 등장한다(마 25:28).

능동적 가난은 문제가 없다. 그는 심령이 가난한 자와 같아서 복을 받는다(마 5:3). 그는 물 반 컵을 볼 때면 "물이 반 컵이나 있다"라고 환호하는 사람이며, 씨앗에서 과수원과 숲을 볼 줄 아는 사람이다.

그러나 수동적 가난의 경우는 풀어나가야 할 과제가 많다. 그는 성경의 원리에 따라 가난 경영부터 해야 한다. 자신에게 주어진 '한 므나'에서부터 시작해서 이윤을 남겨야 한다. 선교적 사업가 조쉬 톨리의 말대로다.

"하나님께서 우리에게 시키신 일을 하려면 우리는 성경의 원리를 따라 재정을 운영해야 한다."

 정리

성경을 꼭 붙들고 한번 생각해보라. 어제를 바꿀 수 있는가? 아니, 당신은 바꿀 수 없다. 다행히도 예수님을 믿는 믿음 안에서 당신의 이전 것은 이미 지나갔다(고후 5:17). 새롭게 하시는 주께서 당신의 오늘을 변화시키셨다. 이를 믿음으로 받아들이며 당신도 주인을 따라 마음부터 바꾸면 된다. 이전과 다른 방향으로 보는 법을 연습하라. 현실을 다른 관점으로 쳐다보는 것이 현실 변화의 가장 빠른 길이다.

부지런히 수고하는 자에게 부가 따라온다

인간의 일이란 단순한 밥벌이가 아니라 소명이라는 관념을 회복하는 것이 해체된 사회를 살리는 소망의 끈이 될 수 있다.
_ 팀 켈러

차별대우

누구와 어떤 모임 중이건 나는 아내 전화에는 항상 응답한다. 내게는 아내가 가장 소중하다는 사역 철학 때문이다. 한 번은 심방 중에 핸드폰이 울렸다. 한 청년이었다. 나는 받지 않았다. 이후에 다시 연락한다는 걸 깜빡했다. 며칠 뒤에 전화했던 녀석을 만났다. 녀석이 따지듯 물었다.

"목사님은 사모님 전화는 항상 받으시면서 왜 제 전화는 안 받으셨어요?"

질문을 받고서야 그 부재중 전화가 기억났다. 나는 질문에 답부터 했다. 그 학생의 전화를 아내의 것과 차별한 이유를 말이다.

"너는 내 아내가 아니니까."

아내는 남편에게 매우 특별한 존재다(창 2:18; 잠 18:22). 그래서 특별한 대접을 받을 수 있다. 남편에게 아내란 다른 어떤 사람과도 비교 불가한 위치에 있는 존재다. 그녀를 차별적으로 대하는 것이 곧 남편다움의 길이다. 부부. 둘에게는 서로뿐이다. 남편의 행동은 뻔하다. 아내를 소중히 대하면 된다. 남편이라는 직분은 하나님이 맡기신 일이다. 이 역시 청지기 종의 태도로 관리해야 하는 일이다.

이야기가 옆으로 샜다. 내 논점은 항상 아내의 전화를 받으라는 것이 아니다. 남편에게 아내가 특별하다는 이야기다. 그리고 하나님이 당신을 그렇게 대하신다는 말이다.

하나님과 특별한 관계

당신은 하나님께 매우 특별한 존재다. 이를 설명하기 위해 하나님은 우리와 하나님의 관계를 남편과 아내 관계에 비유하실 정도다. 성경에 나온다. 이사야서 말씀을 빼놓을 수 없다.

이것은 당신의 이야기다. 하나님께 특별한 존재인 당신은 특별하게 여김 받는다. 성경에는 하나님이 당신을 사랑하신 다는 이야기가 반복된다. 여러 모습으로. 마치 신랑이 신부를 향해 애정 공세라도 펴는 것만 같다. 그중에서도 가장 대표적인 애정 표현을 10가지만 골라봤다.

1. 너는 나의 눈동자와 같다

하나님은 당신을 '눈동자같이' 지킨다고 말씀하신다. 우리에게 익숙한 표현으로 하자면 '눈에 넣어도 아프지 않은' 존재다. 당신은 그 정도로 사랑받고 있다. "여호와께서 그를 황무지에서, 짐승이 부르짖는 광야에서 만나시고 호위하시며 보호하시며 자기의 눈동자같이 지키셨도다"(신 32:10).

2. 너는 나의 보물이다

당신은 하나님의 보물이다. '보배로운 백성', '특별한 소유'라는 표현이 딱 그 말이다. "여호와께서도 네게 말씀하신 대로 오늘 너를 그의 보배로운 백성이 되게 하시고 그의 모든 명령을 지키라 확언하셨느니라"(신 26:18).

3. 너는 나의 자녀다

자식 가진 부모라면 다 알겠지만, 이것이야말로 가장 뜨거운 사랑 표현이 아닐까 싶다. 기억하라. 주님이 당신을 자식처럼 보시며 아끼신다. "또 사람이 자기를 섬기는 아들을 아낌같이 내가 그들을 아끼리니"(말 3:17).

4. 너는 나의 갓난아이다

젖먹이를 둔 엄마가 아기를 잊어버리고 다닐 리 없다. 만약 아기를 잊는 엄마가 있다 할지라도, 하나님은 결코 잊지 않겠다 말씀하신다. 하나님은 당신을 그만큼이나 사랑하신다. 정말 놀라운 표현 아닌가! "여인이 어찌 그 젖 먹는 자식을 잊겠으며 자기 태에서 난 아들을 긍휼히 여기지 않겠느냐 그들은 혹시 잊을지라도 나는 너를 잊지 아니할 것이라"(사 49:15).

5. 너는 나의 친구다

하나님께서 당신을 친한 친구나 동료처럼 대하신다. 지혜와 능력의 차이에도 아랑곳없이 승격시켜주신다. "이제부터는 너희를 종이라 하지 아니하리니 종은 주인이 하는 것을 알지 못함이라 너희를 친구라 하였노니 내가 내 아버지께 들은 것을 다 너희에게 알게 하였음이라"(요 15:15).

6. 너는 나의 식구(오이코스)다

당신은 하나님을 아버지라 부를 수 있게 되었다. 예수님 때문이다. 하나님의 독생자께서 당신을 식구로 대하신다. 나도 가장이라 안다. 가족은 나의 모든 것이다. 예수 그리스도 안에서 당신도 그렇다. 그분의 모든 것이다. "누구든지 하늘에 계신 내 아버지의 뜻대로 하는 자가 내 형제요 자매요 모친이니라 하시더라"(마 12:50).

7. 너는 나의 목숨이다

당신은 이전에 죄인이었다. 그러나 주께서 생명 값을 치르고 사셨다. 당신은 하나님께 목숨과 같이 소중한 존재다. "너희는 값으로 사신 것이니 사람들의 종이 되지 말라"(고전 7:23).

8. 너는 나의 형상(대리 통치자)이다

당신은 큰 일을 맡은 사람이다. 창조주의 아끼는 피조물로서 지상의 대리 통치자 역할을 부여받았다. 이 직분은 예수 안에서 당신에게 여전히 유효하다. "하나님이 자기 형상 곧 하나님의 형상대로 사람을 창조하시되 남자와 여자를 창조하시고 하나님이 그들에게 복을 주시며 그들에게 이르시되 생육하고 번성하여 땅에 충만하라, 땅을 정복하라, 바다의 물고기와 하늘의 새와 땅에 움직이는 모든 생물을 다스리라 하시니라"(창 1:27,28).

9. 너는 나의 양이다

주인에게 사랑받는 강아지를 떠올려보라. 심지어 산책 중에 싼 배설물도 치워준다. 소중하다. 고대 근동 지방에서 양은 그 이상의 소중한 재산이었고, 아낌없는 주인의 사랑과 돌봄을 받았다. 하나님이 당신을 목자의 손에 있는 양처럼 아끼신다. "그는 우리의 하나님이시요 우리는 그가 기르시는 백성이며 그의 손이 돌보시는 양이기 때문이라 너희가 오늘 그의 음성을 듣거든"(시 95:7).

10. 너는 나의 몸이다

이 부분은 아담이 하와에게 처음 했던 사랑 고백을 연상시킨다(창 2:23). 예수님 안에서 당신은 하나님의 몸의 일부가 되었다. 이 뜨거운 사랑 고백을 보라. "그는 몸인 교회의 머리시라 그가 근본이시요 죽은 자들 가운데서 먼저 나신 이시니 이는 친히 만물의 으뜸이 되려 하심이요"(골 1:18). "이는 남편이 아내의 머리 됨이 그리스도께서 교회의 머리 됨과 같음이니 그가 바로 몸의 구주시니라"(엡 5:23).

맞다. 말씀대로다. 예수 그리스도를 믿는 믿음 안에서 당신은 참 특별하다. 귀하고도 귀하다. 당신은 매월 통장에 찍히는 수입의 가치 이상이다. 비싼 존재다. 설사 거울 앞에 서면 별 볼 일 없는 사람처럼 느껴진다 해도 진실은 변함없다. 느낌은 사실이 아니다. 말씀만이 고도의 진실이다. 진리다. 당신 스스로가 어떤 이유에서 자신을 폄하하더라도, 성경은 변함없다. 불변한다(마 5:18).

복을 받는 존재

인류는 처음부터 하나님께 특별 대접을 받았다. 창조주께서 위대한 직위에 그들을 임명하셨다. 세상 만물을 하나님을 대신해서 다스리고 경작하고 지키는 일이었다(창 1:28; 2:15). 업무 수행을 위해 필요한 특별한 능력도 주셨다. 일을 맡기신 분께서 주신 능력, 성경은 이를 '복'이라고 표현했다.

인류가 받은 '복'에는 세상 모든 것에 대한 영향력이 들어 있었다. 지상에 있는 동산과 부동산 전부가 그들의 소유였다. 금지된 선악과 외에는 모두 인류의 것이었다(창 2:16, 17). 세상 어디에도 그들 같은 부자는 없었다. 그들은 가난을 알 수 없었다. 가지지 않은 것이 없는 상태였다. 지상 모든 가치를 그들의 뜻대로 움직이며 살았다. 게다가 죽지도 않았다.

이 복에는 하나의 조건이 있었다. 창조주 하나님을 창조주로 대하기만 하면 되었다. 그러면 지상의 모든 것은 그들의 발아래 있을 것이었다. 하지만 인류는 그 상황에서도 가지지 않은 것에 집중했다. 하나님처럼 되고자 했다(창 3:5). 그 결과 3가지 일이 일어났다. 전 재산을 몰수당했고, 지상 통치권도 사라졌으며, 무엇보다 죽음이 찾아왔다(창 3:22-24).

하나님은 이런 일이 일어날 것이라고 미리 알려주셨다(창 2:17). 그럼에도 인간은 하나님을 배반했다. 부의 근원인 하나님을 떠났다. 그러자 복은 사라지고 가난이 찾아왔다(창 3:17-19). 역전이 일어났다. 능력은 무능력으로, 권한은 종속으로, 생명은 죽음으로 바뀌었다.

하지만 하나님은 이들을 사랑하셨다. 포기하지 않으셨다. 회복시키기 위한 일을 시작하셨다. 성경 전체가 그 이야기다. 그리고 그 끝에 궁극의 가치를 주셨다. 다시 처음의 복을 되찾아 능력과 권한과 생명을 회복시키실 구원자를 주셨다. 그분이 바로 예수님이시다.

> 아담 안에서 모든 사람이 죽은 것같이 그리스도 안에서 모든 사람이 삶을 얻으리라 고전 15:22

소명을 받은 존재

예수의 사람들은 누구나 소명을 받은 사람들이다. 소명의 다른 말은 '부르심'(calling)이고, 당신은 예수님의 '부르심'을 받았다(마 4:19). 그러니 당신도 소명자다.

'소명자'라고 하면 특별한 사람이 경험한다는 특별한 일들을 떠올리기 쉽다. 안개 자욱한 높은 산에 올라 천둥소리 가운데 메아리치는 하나님의 음성을 듣거나, 불치병에서 기적적으로 치유 받거나, 생생한 꿈에서 흰옷 입은 사람이 나와 미래의 이야기를 신비하게 속삭이는 일들 말이다. 그러나 진실은 다르다. '소명자'가 특별한 것이 아니다. 다만 부르신 분이 특별하시다. 그래서 부름 받은 사람도 특별해진다. 그리스도인은 특별하다.

소명자는 농부만큼이나 때를 알고 일한다. 다만, 농부의 지식이 알고 있는 '때'는 추수를 중심으로 일 년마다 반복되는 일에 대한 것이지만, 영적 소명자가 알고 있는 '때'란 '영원'에 관한 것이다. 초월적이다. 전부를 알고 있는 것이나 다름없다. 영원에 대한 지식을 가진 소명자는 세상의 마지막 때에 대해서도 알고 있다(행 1:11). 그렇기에 그가 하는 일의 목적과 방향성도 분명하다(롬 12:11).

소명, 하나님께서 당신에게 맡기신 일의 모습은 다양하다. 하지만 그 핵심은 동일하다. 그것은 우리가 '1차적 소명'이라고도 부르는 영역, 바로 '예수님'이다. 소명의 기본이자 궁극은 하나님께 받은 예수님을 당신이 전적으로 신뢰하며 믿고 따르는 일이다. 곧 예수님이 당신의 소명이라고 말할 수 있다. 성경에 그렇게 나온다.

사람들이 예수님께 물었다.

그들이 묻되 우리가 어떻게 하여야 하나님의 일을 하오리이까

요 6:28

'어떤 일이 하나님을 위한 일인가?'

이 질문은 곧 소명에 관한 것이었다. 이에 예수님이 주신 답은 단순하고 명쾌했다. 예수님을 믿는 일이 곧 하나님이 맡기신 일이었다.

예수께서 대답하여 이르시되 하나님께서 보내신 이를 믿는 것이 하나님의 일이니라 하시니 요 6:29

당신에게도 하나님이 같은 일을 주셨다. 예수님을 믿는 것이 소명 중의 소명이다.

1차적 소명은 2차적 소명을 통해 증명된다

예수님 믿는 일은 1차적 소명이다. 모두에게 동일하다. 이에 비해 저마다 차이가 있는 소명이 있다. 각자의 직업이나 삶의 경로다. 이것은 2차적 소명이며, 서로 다르다. 예수님을 믿는 일(1차적 소명)은 삶의 현장(2차적 소명)을 통해 증명된다.

예를 들어보자. 당신은 일과를 마치고 퇴근했다. 밤이었다. 어두웠다. 집에 들어가며 전기 스위치를 눌렀다. 불이 들어왔다. 그걸 보면서 스위치를 누르는 행동을 하면 불이 들어올 것이라는 믿음이 강화되었다. 당신이 스위치를 누른 행동은 믿음에서 나온 것이다. 왜 그게 믿음인가? 당신이 전기를 완벽히 '이해'하고 스위치를 누른 건 아니기 때문이다. 다만, 스위치를 누르는 행동이 결국 방을 환하게 만들 것이라는 기대가 있었기 때문이다. 이것을 그림으로 나타내보자.

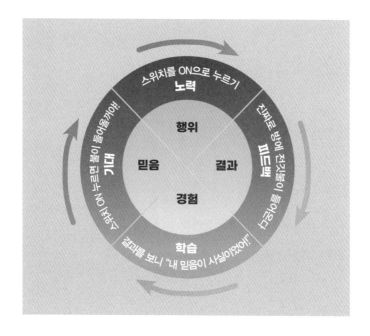

우리가 일상에서 완벽히 이해하고 행동하는 상황은 거의 없다. 누구나 믿음에서 출발한다. 그에 따라 현실에서 행동으로 도전하면, 결과를 관찰하며 경험이 생긴다. 그런 일이 반복되면 경험치가 높아져 결국 믿음 없이도 안심하고 행동할 수 있는 상태로 발전한다.

　전기 스위치를 눌러 불을 켜는 것 말고 다른 예를 대입해봐
도 좋다. 대입 시험을 준비 중인 고3 학생들을 생각해보자.
책상에 얼굴을 파묻고 공부를 하고 있는 아이들을 둘러보면
다 같은 행동을 하는 것처럼 보인다. 하지만 저마다 다른 믿
음에서 출발했다. 학생1은 공부를 해서 좋은 성적을 받으면
자신의 인생이 성공할 것이라는 믿음으로, 학생2는 좋은 성
적과 인생의 성공은 관계 없다는 믿음으로 공부를 하고 있
다. 이러한 믿음의 차이는 행동의 차이를 만든다. 즉, 학생1
은 자기 주도적 학습을 할 확률이 크고, 학생2는 수동적으로
그저 공부하고 있는 것이라서 집중력이 떨어질 수 있다.

　옷의 단추를 자기 손으로 처음 끼워보는 어린아이도 그렇
다. 아이는 먼저 자신이 스스로 옷을 입을 수 있다고 믿는
다. 그 믿음으로 도전해서 행동한다. 처음에는 잘 안 된다.
여러 번 시도하다가 결국 실패한다. 이 경험으로 믿음이 떨어
진 아이는 스스로 단추 끼우기를 포기하고 "엄마, 도와줘요"
라고 외칠지도 모른다.

　금메달에 도전하는 운동선수들도 마찬가지다. 모두 코치
가 정해준 훈련 루틴을 따라 운동하지만, 그 운동에 임하는
선수들의 행동은 저마다의 믿음에서 나온 것이다. 우승해서

메달을 딸 수 있을 것이라는 기대감.

예수님을 믿는 일도 다르지 않다. 기도와 말씀으로 출발하여 저마다의 환경에서 행동한다. 그리고 그로 인한 결과물들을 관찰하며 '믿음-행동-결과-경험'의 사이클을 반복한다.

여기서 쉽게 생각해볼 수 있는 것이 있다. 입력이 다르면 출력도 달라진다. 다른 믿음은 다른 행동을 낳고, 이것은 또 다른 결과로 이어진다는 것이다. '믿음'이라는 입력값은 눈에 보이지 않지만, '행동'이라는 출력값은 물리적으로 경험할 수 있다. 야고보서에서는 이러한 상관관계를 다음과 같이 말한다.

이와 같이 행함이 없는 믿음은 그 자체가 죽은 것이라 약 2:17

예수님을 믿는 일은 항상 최고의 출발점이다. 그 출발점에서 시작할 때는 '무엇을 하든지 다 하나님의 영광을 위하여' 하는 행동이 나온다(고전 10:31). 돈을 벌고 쓰는 행위도 마찬가지다. 예수님을 믿는 일에 충실해야만 재물을 하늘에 쌓아두는 식의 행동이 가능해진다(마 6:20). 그제야 '부' 결과물이 달라진다.

부를 이루는 일의 핵심은 소명과 관련이 있다. 예수님을 믿는 1차 소명과 이것을 실행하는 2차 소명의 현장이 중요하다. 당신이 하고 있는 모든 일에서 '예수님 믿기'가 핵심이어야 한다. 먹거나 마시는 행위는 물론이고, 부와 관련된 모든 경제 행위 전반에 이 핵심이 스며 있어야 한다. 이는 '부지런함'을 요구한다.

부지런하여 게으르지 말고 열심을 품고 주를 섬기라 **롬** 12:11

소명자는 성실한 투자자다

소명자는 즉흥적이지 않다. 멀리 내다보며 계획을 세워 일을 진행한다. 농부만 봐도 그렇다. 농부는 내키는 대로 씨를 뿌리거나 거두지 않는다. 때를 따라 행한다. 밭을 갈 때와 씨앗을 뿌릴 때, 가꿀 때와 거둘 때, 일할 때와 쉴 때를 정확히 알고 일한다. 때를 아는 지식은 일을 입체적으로 바꾼다. 단순히 눈앞에 닥친 일만 하는 것이 아니라 때에 맞게 일하기 위해 앞서 일을 준비해둔다.

게으른 자는 가을에 밭 갈지 아니하나니 그러므로 거둘 때에는 구걸할지라도 얻지 못하리라 **잠** 20:4

이 구절에 의하면, 가을에 추수하는 것으로만 끝나면 게으름이다. 소명자는 제때에 맞춰 일을 해두고, 다음 계절에 맞는 일(씨 뿌리기)을 하기 위해 미리 밭을 갈아둔다. 한편, 잠언의 '농부'는 '소명자'를 뜻한다. 농부와 소명자는 비슷하다. 둘 다 전문가의 영역이다. 그들은 남과 다르게 입체적으로 일한다. 표면적으로 일할 뿐 아니라 보이지 않는 일도 미리 해둔다.

반면, 소명자가 아니라면 1차원적으로만 일한다. 그저 주어진 계절에 들어맞는 일만 그때그때 해내며 산다. 미리 밭을 갈지 않는 하루하루를 산다. 전체적인 때를 보는 안목 없이 즉흥적으로 산다. 그래서 바쁘다. 잠언에 의하면 이런 사람은 '거둘 때에는 구걸할지라도 얻지 못하게' 된다.

가을에 밭을 가는 일이 당장 열매를 내어주지는 않는다. 이듬해 추수 때까지 아무런 수익이 없는 일이다. 그럼에도 농부는 시간과 에너지를 미리 투입해둔다. 지금 보이는 열매가 없더라도 상관하지 않는다. 미래의 소출을 기대하며 현재의 일을 진행한다. 투자를 한다.

소명자는 잠언의 농부와 같다. 농사의 때에 맞게 투자를 멈추지 않는 농부처럼, 영적 소명자 역시 때를 읽으며 인생을 영적 추수기에 맞춰 미리 투자해둔다(딤후 4:5-8).

가장 기본적으로 투자해야 할 것은 기도와 말씀이다.

소명자는 하루도 빠짐없이 이에 집중한다(딤후 3:14; 살전 5:17). 또한 가정이나 교회 안팎에서 주어지는 어떤 일이든, 마치 하나님께 하듯 최선을 다한다(골 3:23). 그리고 사람들을 예수께로 이끄는 일을 지속한다(딤전 4:13). 이런 일들이 당장 금전적 수익을 가져오지는 않는다. 그러나 영적 추수 때의 열매들을 기대하며 미리 해둬야 하는 일들이다(마 9:38). 농부가 추수 때를 위해 현재를 투자하는 것과 같다. 영적 소명자 역시 영원의 가치를 향해 매일매일을 투자한다. 소명자는 투자자다.

투자와 투기

투자 이야기가 나온 김에 주식을 예로 들어보자. 많은 사람들이 주식에 '투자'가 아닌 '투기'를 한다. 이 둘은 다르다. 투자자는 때를 알기에 일희일비하지 않지만, 투기자는 당장의 이득을 쫓아다닌다. 투자자는 함께 성장하는 원원을 만들어내기에 평안하지만, 투기자는 제로섬 게임을 하며 서로 소모한다.

무엇보다 큰 차이는 '때를 아는 지식'의 유무에 있다. 투자자는 소명자이기에 멀리 내다보며 일을 지속한다. 그에게는 분명한 투자의 목적이 있기에, 더 큰 가치를 위해 현재의 기회비용을 계획적으로 포기할 줄도 안다. 이에 반해 투기자는 타이밍을 모른다. 그저 목적 없는 욕구를 쫓기에 헌신 없는 열매, 일확천금을 기대하며 노력의 가치를 무시하고 부를 운에 맡긴다. 그는 초월 가치의 부르심을 들어본 적이 없다. 소명자가 아니다.

영적 소명자는 투자자다. 그는 이미 때에 대한 지식을 모두 가졌다. 예수 그리스도를 받았고, 천국을 기업으로 얻은 그는, 무려 '세상의 끝'과 '영원'을 알고 산다. 소명자에게는 분명한 목적이 있다. 그렇기에 세상 모든 재화를 뛰어넘는 가장 위대한 가치를 향해 달려간다(빌 3:14; 딤후 4:7).

소명자에게는 변치 않는 투자 포트폴리오도 있다. 성경이다. 변치 않는 말씀이 그의 주식(主食)이다. 그는 부지런히 때를 아껴 쓴다(롬 12:2; 엡 5:16). 그에게는 매일매일이 소중하고 의미 있다. 순간순간의 작은 노력들에도 다 목적이 깃들어 있다. 그는 허투루 투자하지도, 주어진 재화를 목적 없이 소모하지도 않는다. 목적 외의 것에 자신을 낭비할 생각이 없다. 눈앞의 이득이나 손해도 영원보다 작음을 잘 알기에 흔들림이 없다. 세상보다 멀리 보며 가장 큰 가치를 향해 날마다 꼼꼼히 투자한다. 하나님이 주신 모든 것을 영원 지식에 근거해서 사용하며 수익을 남기는 방향으로 움직이기를 지속한다. 부는 그런 소명자에게 복종한다.

소명자는 부지런히 수고한다

소그룹 성경공부 중 소명에 대해 나누면서 새벽에 일찍 일어나자는 이야기를 한 적이 있다. 그때 한 청년이 반문했다.

"일찍 일어나서 뭐하게요?!"

그에게는 인생의 목적이 없었다. 1차 소명은 있었으나, 그것이 증명될 2차 소명의 현장이 없었다. 믿음의 출발점도 없었고, 그에 따른 행동이나 결과에 대한 피드백도 없었다. 그저 되는 대로 살았다. 목표가 없는 사람은 일과의 밀도가 약하거나 사소한 일로 바쁘다.

부지런히 농사를 짓는 농부를 생각해보라. 그는 기분에 따라 즉흥적으로 살 수 없다. 밭 갈아야 할 때 밭 갈고, 씨 뿌려야 할 때는 씨를 뿌리는 일로 바쁘다. 그런 사람이 소명자다. 긴 안목을 가지고 때에 따라 맞는 일을 하는 사람이다. 그는 부지런하다. 방향 없이 일하는 사람은 한가하든 바쁘든 게으른 것이다. 타이밍에 맞는 일로 바빠야 부지런한 사람이다.

많은 사람들이 목표 없이 흘러 다닌다. 그저 대세를 따라 살아간다. 비전도 없고, 분명한 도착점에 대한 기대도 없이 사는 인생들이 즐비하다. 그러나 진리는 다르다. 다수결을 따르지 않는다. 진리는 우리를 좁은 문으로 인도한다(마 7:13). 그 진리는 예수님이시다.

예레미야 선지자의 노래처럼, 주님의 성실하심은 지루한 법이 없다(애 3:22,23). 새로운 일들이 가득하다. 마치 모험의 길 같다. 예수님을 믿는 믿음은 행동을 바꾸고, 결과물을 바꾸어 다시 더 큰 믿음으로 안내한다. 이 과정이 반복되는 동안 사람이 바뀐다. 날마다 새로워진다(고후 4:16).

소명자는 성장한다. 그들은 예수 그리스도의 장성한 분량을 향해 매 순간 매진한다. 이 일이 스스로의 힘으로 이룰 수 없는 일이라는 것을 알기에, 그들은 새벽부터 일어나 기도로 하늘의 능력을 구한다. 소명자들은 되는 대로 사는 사람들이 아니다. 그들은 하나님의 부르심에 응답한 자들이라 진지하다. 예수 그리스도 푯대를 향해 전심전력 내달리며 사는 인생이다(빌 3:14; 딤전 4:15). 세월을 아껴 사는 사람들이다(엡 5:16; 골 4:5).

당신의 인생은 당신을 위한 것이 아니다. 소명을 주신 하나님을 위한 하루하루다. 이것은 충성을 요구한다. 소명 맡기신 주님을 섬기는 길에 게으름은 설 곳이 없다.

부지런함은 부자의 정체성이다

보이지 않는 것과 보이는 것은 서로 긴밀히 연결되어 있다(히 11:3). 열매로 그 나무가 좋은지 나쁜지를 알 수 있는 것과 같다(마 7:20). 보이는 열매를 만드는 것은 나무이며, 그 이면에는 보이지 않는 뿌리가 있다. 보이는 것이 전부가 아니다. 보이지 않는 뿌리가 좋아야 열매도 좋다.

부자에게도 뿌리가 있다. 부지런함이다. 이는 성경이 반복해서 다루는 내용인데, 특히 청지기 소명자의 모습으로 등장한다(잠 25:13; 마 24:25; 25:21; 눅 16:10; 고전 4:2). 흥미롭게도 잠언은 부자의 이면에 숨어 있는 캐릭터가 부지런함이라고 반복해서 말한다. 잠언에 등장하는 부지런함의 특징을 14가지로 정리해보았다.

1. 노력한다

잠언에 의하면 손이 부지런한 것이 부자 캐릭터다. 이것은 '노력'에 대한 말씀으로, 애를 쓰며 일하는 모습을 그린다. 노력하지 않은 금메달리스트는 없다. 금메달을 따겠다는 목표와 소명이 그를 애쓰게 만들었고, 그는 매일 같은 일과로 훈련하며 최선을 다해 땀 흘렸다.

'노력'은 소명자의 자세다. 목표가 있는 사람의 특징이다.

창조주께 소명 받은 청지기 좋은 노력 전문가다. 맡은 일에 손이 부지런하다. "손을 게으르게 놀리는 자는 가난하게 되고 손이 부지런한 자는 부하게 되느니라"(잠 10:4).

2. 멀리 본다

잠언에 등장하는 개미는 한낱 미물임에도 여름부터 겨울을 준비한다(잠 6:6-8). 반면 게으른 자는 개미만도 못하다. 미래에 대한 준비는커녕 그저 현재에 '좀 더, 좀 더, 좀 더'를 반복하며 잠든 상태를 유지할 뿐이다.

여름에 겨울을 준비해놓으면 당장은 티가 나지 않는다. 흔히 말하는 패시브 인컴(passive income), 나중을 위해 미리 노력해두는 활동이다. 그저 흘러가는 대로 하루를 살지 않고, 당장은 이익이 나지 않는다 해도 멀리 내다보며 투자한다. 당장의 보상이 없어도 일하는 자세다. "게으른 자여 네가 어느 때까지 누워 있겠느냐 네가 어느 때에 잠이 깨어 일어나겠느냐 좀 더 자자, 좀 더 졸자, 손을 모으고 좀 더 누워 있자 하면 네 빈궁이 강도같이 오며 네 곤핍이 군사같이 이르리라"(잠 6:9-11).

3. 적극적이다

게으른 자는 수동적이다. 음식을 먹는 일처럼 필수적인 일에도 움직이기를 힘들어한다(잠 19:24). 어떤 일을 대할 때마다 위험 요소에 집중하며 괴로워한다. 자신이 누구이며 무엇을 해야 하는지에 대한 확신이 없다.

부지런한 사람은 정반대다. 적극적이다. 자신의 소명을 알기에 목표가 분명하고, 그 때문에 매일의 전략이 준비되어 있다. 부지런함에는 수동적 태도가 없다. 스스로 일한다. 마치 대장 없이도 일사불란하게 움직이는 개미와 같다(잠 6:6-9).

4. 긍정적이다

게으른 자는 부정적인 시각 때문에 움직이려 하지 않는다. 그저 "집 밖은 위험해! 왜냐구? 사자가 있으니까!"라고 외칠 뿐이다. "게으른 자는 말하기를 사자가 밖에 있은즉 내가 나가면 거리에서 찢기겠다 하느니라"(잠 22:13).

물론 세상에 나가면 사자가 있을 수도 있다. 그러나 이건 변명거리가 될 수 없다. 청지기 종에게는 자신의 목숨보다 중요한 것이 있기 때문이다. 그것은 주인이 주신 임무다. 존재의 목적, 소명, 목표를 이루는 것이 사자를 만날 가능성보다 더 귀하다. 이에 소명자는 두려움을 감당해낸다. 그는 결코 위험 요소 하나 때문에 "얼음!"을 외치며 멈추지 않는다.

5. 새롭다

"문짝이 돌쩌귀를 따라서 도는 것같이 게으른 자는 침상에서 도느니라"(잠 26:14)라는 말씀처럼 게으른 자는 늘 같은 자리를 맴돈다. 해오던 방식을 고수하며 다음 단계로 나가지 않는다. 현상 유지를 최선이라 생각하며 일한다.

부지런한 자는 이와 반대로 행동한다. 그는 새로운 도전을 일삼는다. 세상과 환경의 변화에 방어적으로 견디기만 하지 않는다. 오히려 실패를 선용하는 태도로 변화하기 전에 새로운 일을 시도한다. 기존 경험 바깥에서 모험을 통해 노하우를 쌓는다.

6. 귀하다

창조주 하나님께 소명을 받은 자는 그에 합당한 태도를 가지고 나와야 한다. 부지런해야 한다. 만약 게으르다면 그는 주인께 괴로운 존재가 되고 만다. 이가 시렵고 눈이 매운 것처럼 끔찍하다. "게으른 자는 그 부리는 사람에게 마치 이에 식초 같고 눈에 연기 같으니라"(잠 10:26).

7. 충성한다

부지런함의 다른 말은 '충성'이다. 원어로는 '신실(믿을 만)하고 맡은 일에 지혜롭게 열심을 다하는 자세'를 뜻한다. 이것은 하나님나라를 확장해나갈 사람들의 잠정적 자질이기도 하다(딤후 2:2). 충성된 사람은 스스로 일하며 끝까지 일한다. "충성된 사자는 그를 보낸 이에게 마치 추수하는 날에 얼음 냉수 같아서 능히 그 주인의 마음을 시원하게 하느니라"(잠 25:13).

8. 주인이다

"부지런한 자의 손은 사람을 다스리게 되어도 게으른 자는 부림을 받느니라"(잠 12:24)라고 했다. 이것은 게으른 자와 부지런한 자를 구분하는 기준의 하나다. 다른 사람을 다스리는 일은 부지런한 사람에게 주어지는 특권이다. 소명 주신 주님의 마음을 시원케 하는 자라야 다른 사람을 부릴 수 있다.

반대로 게으른 사람은 부림을 당하는 위치에 머문다. 게으르면 하나님 외 다른 존재의 노예가 된다. 그저 생존에만 급급해 도망다니듯 사는 인생이다. 게으르다면 사회적 위치도 소용없다. 그는 아랫사람들에게 눈엣가시로 여김 받을 것이다.

9. 만족한다

게으른 자는 원하는 것을 얻지 못하는 상태에 머문다(잠 13:4). 이는 충족되지 않은 욕구를 간직한 상태로 항상 무엇인가를 필요로 하며, 매사에 불만 상태라 결핍 충족을 위해 살아가게 된다.

그러나 부지런함은 이것과 반대편에 있다. 만족하며 산다. 결핍이 아닌 소명을 향해 불타오른다. 부지런함과 욕구 불만 상태는 어울리지 않는다. 오히려 소명의식으로 충만하며, 주인을 향한 소속감으로 만족한다. 그는 주인의 모든 소유에 대한 권한을 가진다.

10. 뭘 하든 잘된다

"게으른 자의 길은 가시울타리 같으나 정직한 자의 길은 대로니라"(잠 15:19)라고 했다. 게으른 자의 길은 가시밭이다. 어디로 가든 가시울타리에 막혀 찢기고 고통받는다. 그는 찔린 채 꿈틀대는 피해자 캐릭터다. 쉽게 상처받는 사람이다.

그러나 부지런한 자는 다르다. 그는 오히려 가시울타리를 제거한다. 대로를 뚫는다. 설사 가시에 찔리더라도 움츠러들지 않는다. 찔린 자리가 아프다며 울고 멈추지 않는다. 그

대신 가시울타리 소멸 작업을 시작한다.

11. 배운다

부지런한 사람은 겸손하다. 매사에 모든 것으로부터 배우려 한다. 하나님의 광대하심 앞에 엎드려 살기 때문이다. 주인 앞에서 초라한 자신을 늘 묵상한다. 자신을 우물 안 개구리로 여기며, 우물 벽을 기어오르는 자세로 일한다. 자신의 경험 바깥에 있는 지혜를 얻고자 애쓴다. 타인들의 견해를 있는 그대로 귀담아 들으며 참고하고 활용한다.

그러나 게으른 자는 교만하다. 그는 이미 경험으로 가득 차 있다. 그래서 더 이상 새로운 것이 들어갈 여지가 없다. 더 이상 배울 것이 없는 존재라 생각한다. 심지어 다른 경험을 해온 여러 사람들의 지혜를 합한 것보다 자신이 더 지혜롭다고 믿는다. "게으른 자는 사리에 맞게 대답하는 사람 일곱보다 자기를 지혜롭게 여기느니라"(잠 26:16). 배울 여지가 없으니 배움이 없다. 학습하지 않으니 성장도 없다.

12. 책임진다

하나님이 아담에게 임무를 주셨다. 그중 하나가 '경작'하는 것이었다(창 2:15). 이것의 다른 이름이 곧 잠언에 등장하는 '경영'이다. 경영은 돌보는 일이다. 하나님이 지으신 세계를 창조의 원리대로 관리하는 것이다. 이것은 또한 책임지는 일이다. 부지런한 자는 세상을 관리하며 그 결과에 대해 책임을 진다. 다른 사람 탓을 하지 않는다.

반면 게으른 자는 스스로 일하지 않는다(잠 21:25). 다만 남이 자신을 대신해 일해주기를 바란다. 그는 관리하는 대신 수동적으로 일하기를 좋아하는 자다. 책임져야 하는 자리를 싫어한다. 이에 대해 잠언은 "부지런한 자의 경영은 풍부함에 이를 것이나 조급한 자는 궁핍함에 이를 따름이니라"(잠 21:5)라고 말한다.

13. 집중한다

부지런한 자는 마음을 모은다. 이것 역시 소명의식에서 나온다. 자신이 누군지 알기에 가능하다. 그는 산만하지 않으며, 언제 어디서 무엇에 집중해야 하는지를 알고 있다. 이런 사람은 소명과 관련 없는 일들로 분주해지지 않도록 마음을 지킨다. 도파민 중독을 일으키는 각종 자극체들로부터 거리를 둔다.

그러나 게으른 사람은 나뉜 마음을 허용한다. 그는 마치 동시에 여러 내연녀를 돌보는 바람둥이 남편 같다. 그의 에너지는 소명에 직결되지 않는 많은 것들에 흩어져 있어서 생기가 없고 늘 피곤하다. 그는 계획이나 목적 없는 SNS 활동을 하느라 손에서 핸드폰을 놓지 못한다. 각종 자극에 목을 매고 자신의 욕구를 섬긴다(잠 23:21). 그는 집중된 마음의 힘이 없어 무능하다.

14. 일하는 방식이 다르다

성경적 부의 원리를 아는 사람은 게으름을 버리기 위해 애쓰고 부지런함을 훈련한다. 이런 사람들은 어떻게 일할까?

먼저, 그는 자신을 통제하는 일의 고수다. 특히 소명 목적에 맞게 우선순위를 가지고 시간을 관리한다(엡 5:1-16). 또한 혼자 일하지 않고 팀으로 일한다. 다른 사람들의 지식과 지혜를 빌린다. 자기 혼자만 청지기 종이 아니라는 사실을 잘 알기 때문이다. 그는 자신이 주인이 가진 큰 그림의 극히 작은 일부임을 겸허히 받아들이고 동역한다(엡 4:11-16).

그는 주인을 향한 믿음 때문에 담대하다. 리스크를 넉넉히 감당해낸다. 그렇기에 많은 사람들이 꺼리는 위험한 도전도 서슴지 않는다. 주인의 손에 자신의 목숨을 맡겨놓고 죽음을 불사한 인생처럼 산다. 주인 외에는 무서울 것이 없다(롬 8:15).

그는 행동 중심의 일꾼이다. 탁상공론은 게으른 자의 것이다. 부지런한 사명자는 가능성이 보이면 바로 실행해본다. 할 수 있는 일에서부터 우선 시작하고, 작은 실패를 통과하며 소명의 길을 직접 만들어나간다. 그들은 주인과 동행하며 미지의 세계로 길을 낸다(사 43:19).

그는 대가를 지불한다. 그는 몽상가가 아니다. 헌신자다. 부지런한 사람은 소명에 이르는 길을 만들기 위한 희생을 감수한다. 비전과 확신이 있는 일이라면 자신의 목숨을 포함한 모든 것을 배팅한다. 그에게 여지란 없다. 백병전에 임하는 병사에게는 '승리'라는 하나의 옵션만 있는 것과 같다. 비장하다. 리스크 테이킹이 없는 헌신은 '행함 없는 믿음'처럼 가짜다(약 2:26).

그리고 무엇보다, 그는 기도한다. 청지기 종이라면 주인과의 대화가 업무 중 일상이어야 하기 때문이다. 영적 청지기 종은 기도를 통한 업무 보고를 놓치지 않는다. 기도로 주인에게 점검받으며 일을 계획하고 진행한다. 기도에 열심을 낼 때에야 불필요한 수고를 최소화 할 수 있음을 그는 잘 알고 있다. 소명자는 기도 습관을 만든다(눅 22:39).

제안

성경은 게으름의 결과에 대해 상세히 알려준다. 그중 하나가 저주다 (렘 48:10). 그러니 반드시 부지런해야 한다. 부지런함은 선택이 아니라 필수다. 당신은 게으름을 이겨야 한다. 생사가 걸린 전투에 출정하는 군인처럼 비장한 각오로 게으름과 싸워야 한다.

싸움의 비책도 주어져 있다. 힘들 때면 십자가를 바라보라. 주께서 희생으로 이미 모든 일을 이루어놓지 않으셨는가! 죄로 죽은 당신의 영혼을 살리시고, 창조주의 호흡을 불어넣어 주셨지 않은가! 이제 당신은 새로운 인생이 되었고, 더 이상 이전으로 되돌아갈 수 없게 되었다 (사 65:17).

당신은 이미 구원의 강을 건너왔다. 이제 남은 일은 전진뿐이다. 구원을 주신 주님을 향한 전심전력만 남았다. 다른 길은 없다. 생사를 넘어온 인생 아닌가! 그러니 대충 살아도 될 거라는 옛 생각은 꿈에서라도 차단하라.

 정리

당신은 창조주께 모든 것을 받았다. 심지어 독생자 예수님까지도! 이제 받은 걸로 '예수님 믿는 일'을 삶의 현장에서 해내야 한다. 이것이 당신의 소명이다. 그리스도의 부르심을 들은 자들은 그 부르심에 집중해야 한다. 그때 맘몬에게서 벗어나 부를 지배하는 부지런한 소명자가 될 수 있다.

소명의 길을 좇아 세상의 흐름에 역행하는 비법은 부지런함에 있다. 크리스천은 맘몬 숭배 물살에 쉽게 떠내려가지 않는다. 부지런히 거슬러 소명까지 역류해 오른다. 마음이 염려로 치닫도록 놔두지 않는다. 세상에서 당장 직면하는 일들만 해내서는 소명자라 할 수 없다. 그보다 입체적으로 일을 해야 한다. 농부를 보라. 그들은 의도와 목적을 가지고 멀리 바라보며 일을 미리미리 해둔다. 소명자도 그렇다. 마치 농부가 추수를 바라보며 계절보다 앞서 땅을 갈아두는 것처럼. 천국 소명자인 우리도 그리스도를 향해 부지런히 시간과 에너지를 투자하자.

돈은 그 용도를
아는 사람을 따라온다

'올바른 행동'을 한마디로 말하면 '청지기와 목자의 행동'입니다.
'목자와 청지기의 행동'은 '다스림의 행동'입니다. _ 홍성건

두 가지 돈

성경이 말하는 재물은 두 종류다. 하나는 물질적인 것이고,
다른 하나는 영적인 것이다. 이 둘은 나뉘어 있지만 동시에
하나다. 서로 다른 영역에 있지만 서로에게 영향을 미치며 공
존한다. 다음은 히브리서에 나오는 '믿음'에 대한 설명 중 한
구절이다.

믿음으로 모세는 장성하여 바로의 공주의 아들이라 칭함 받기를

195

거절하고 도리어 하나님의 백성과 함께 고난 받기를 잠시 죄악의
낙을 누리는 것보다 더 좋아하고 그리스도를 위하여 받는 수모
를 애굽의 모든 보화보다 더 큰 재물로 여겼으니 이는 상 주심을
바라봄이라 히 11:24-26

히브리서는 모세를 선택의 기로에 세운다. 한편에는 '바로의
공주의 아들'로 사는 길이 있고, 다른 한편에는 '하나님의 백성
과 함께 고난 받기'가 있다. 여기서 재물을 보는 관점이 나뉜
다. 전자는 물질적 부의 길이고, 후자는 영적 부의 길이다.

'바로의 공주의 아들'은 곧 '바로(파라오)'나 다름없었다.
세계사를 뒤져보면 이 구절에 등장하는 '공주'는 하트셉수트
여왕(BC 1508-1458년 경)일 확률이 크다. 그녀는 이집트 고
대사에서 가장 영향력 있는 파라오로 기록되어 있다. 그녀의
양자로 지내는 길은 '애굽의 모든 보화'에 대한 실제 영향력
을 가져오는 것이었다.

모세 앞에는 또 다른 길도 놓여 있었다. 그것은 물질적 부
의 모습과 거리가 있어 보였다. '하나님의 백성과 함께 고난
받기'라니, 당장 애굽에서 돈이 생길 일처럼 보이지는 않는
다. 이 길을 선택하면 '바로의 공주의 아들' 자리는 사라진
다. 애굽 땅의 재물에 대한 직접적 영향력이 없는 길이다. 파

라오에게 약속되어 있는 '애굽의 모든 보화'를 날리게 된다. 그 대신 400년간 노예로 살아온 사람들과 함께 기약 없는 고통의 삶으로 들어간다.

모세의 선택

모세는 후자를 선택했다. 큰 손해를 보는 일과 다름없었다. 궁금하다. 모세는 왜 이렇게 결정했을까? 왜 그랬을까? 히브리서 요절에 그 답이 나온다. 모세는 후자를 더 큰 재물로 여겼기 때문이다.

흥미롭게도 '여기다'라는 성경 원어의 사전적 의미 중 하나는 우리 말의 '계산하다'와 일치한다. 그러니까 모세가 양측의 가치를 계산해봤다는 것을 알 수 있다. 모세는 바보가 아니었다. 그는 만 원짜리와 오만 원짜리 지폐 중 만 원을 선택하는 어린애가 아니었다. 모세는 계산할 줄 아는 사람이었다. 평생 세계 최고 수준의 교육을 받은, 거기다 하나님의 사람이기까지 했던 사람이다.

그는 두 길의 가치를 비교하며 계산기를 두드려봤다. 그리고 파라오의 길을 버렸다. 그보다 더 비싼 것, 더 나은 것, 더 가치 있는 것은 따로 있었기 때문이다. 그는 영적 부의 길에 더 큰 부가 있음을 발견했고, 그걸 선택했다.

히브리서 요절에 의하면 모세가 이렇게 선택한 4가지 근거가 나온다. 이들을 하나씩 살펴보자.

1. 그는 더 좋아하는 것을 선택했다

좋아함이나 싫어함은 마음의 문제다. 모세는 더 마음에 드는 것을 선택했다. 선호 선택은 소명의 길을 결정하는 그의 이정표였다. 마음의 이끌림이 어디로 더 향하는지는 무엇이 더 가치 있는 것인지에 대한 중요한 참고 자료다. 싫어하는 것보다 좋아하는 것을 따라가는 일이 더 가치 있다. 하지만 모두에게 이 사실이 참은 아니다. 성경의 다른 부분들과 함께 볼 때, '선호 선택'에는 다음과 같은 제한점들이 따른다.

- 그리스도의 사람은 그리스도의 마음을 품는다(빌 2:5; 4:2).
- 하나님께서는 자신의 기쁘신 뜻을 그리스도인의 마음 가운데 두고 행하신다(빌 2:13).
- 또한 예수 그리스도 나무에 꼭 붙어 거하는 사람은 무엇을 원하든 이뤄진다(요 15:1-7).

결국 선호 선택은 그리스도와 관련이 있다. 선호 선택을 하는 마음이 예수님을 따라야 한다. 소명자의 마음을 그리스도의 마음에 일치시키는 것이 선호 선택의 핵심인 셈이다.

2. 그리스도를 위하여 받는 수모와 비교했다

하나님은 모세에게 일방적으로 명령을 우겨 넣지 않으셨다. 출애굽기 3장 전체가 모세와 하나님과의 대화다. 이걸로 모자라 4장 중반부까지 이어진다. 하나님과 모세 사이는 사령관과 신병 사이보다 더 큰 격차가 나는 관계다. 그럼에도 하나님은 모세를 인격적으로 다루셨다. 그와 오래 대화를 나누셨고 설명하셨다. 설득하셨다. 모세는 이해되지 않는 부분을 계속 여쭈었으나, 완벽한 이해에 도달하지는 못했다(출 4:13). 그럼에도 이해의 나머지 부분을 남겨둔 채 순종 액션을 시작했다(출 4:15-18).

그렇다면 모세는 무엇을 믿었을까? 히브리서 요절은 이 질문에 다음과 같이 답한다.

그리스도를 위하여 받는 수모를 애굽의 모든 보화보다 더 큰 재물로 여겼으니 히 11:26

모세는 그리스도, 하나님이 보내실 구원자, 예수님을 믿었다. 그 믿음의 수준을 보라. 마치 왕을 위해 신하가 영광스럽게 어려움을 선택하는 것과 같았다. 왕을 위한 희생이 알려진다면, 신하는 사람들에게 왕 대접을 받을 것이었다. 이것은 얼마의 돈보다 더 큰 것이 틀림없었다. 모세는 그리스도의 가치를 믿었다. 그분을 위한 수모를 선택한다면 지상의 왕권과 비교할 수 없는 부를 얻게 된다는 것. 이것이 모세의 믿음이었다.

3. 더 큰 재물이라 판단했다

이 부분은 과거나 현재에 대한 판단이 아니었다. 앞으로의 일에 대한 판단이었다. 이해하고 내린 판단이 아니었다. 믿음으로 진행한 가치 판단이었다. 모세는 구약 신앙 공동체의 일원이었다. 출애굽 백성의 신약적 호칭은 곧 교회였다(고전 10:1-4). 이 신앙 공동체의 멤버십 획득에는 필요충분조건이 있었다. 그것은 그리스도가 누구신지에 대한 분명한 지식이다(요일 2:20-29).

모세의 믿음도 이 지식에서 나왔다. 히브리서 요절대로라면 그에게는 '그리스도에 대한 믿음'이 있었다. 게다가 모세는 모세오경의 저자다. 성경은 하나의 주제를 가진 한 권의 책이다. 그것은 성경의 주인공과도 일치한다. 그분이 바로 예수 그리스도시다. 모세는 비록 구약 백성이었지만, 당시의 성경 관점으로 '오실 그리스도'에 대한 분명한 지식을 가지고 있었다. 그 때문에 앞으로의 일을 믿을 수 있었다. 모세는 이스라엘 백성과 함께 수모 받는 일이 그리스도를 위함이라는 사실을 알고 믿었다. 그래서 믿음에 근거한 지식으로 가치를 판단했다.

4. 상 주심을 바라보았다

모세가 믿었던 것이 하나 더 있다. 그에게는 하늘 상급에 대한 기대가 있었다. 지상에 속한 왕국 이집트의 왕자가 되는 길에도 상급이 있었다. 그것은 세상 모든 재물에 대한 영향력이었다. 한편 하늘나라의 왕자가 되는 길에도 상급이 있었다. 물론 하나님나라 왕자의 길이 더 가치가 컸다. 모세는 이를 계산했다. 그 결과 믿음으로 더 멀리 내다보며 다 알지 못하는 것을 선택했다.

선택의 결과

모세의 선택에 합당한 결과가 뒤따랐다. 성경에 기록되어 있다. 모세에게 이집트의 모든 재물들보다 더 큰 것들이 주어졌다. 다음 구절을 보라.

믿음으로 애굽을 떠나 왕의 노함을 무서워하지 아니하고 곧 보이지 아니하는 자를 보는 것같이 하여 참았으며 믿음으로 유월절과 피 뿌리는 예식을 정하였으니 이는 장자를 멸하는 자로 그들을 건드리지 않게 하려 한 것이며 믿음으로 그들은 홍해를 육지같이 건넜으나 애굽 사람들은 이것을 시험하다가 빠져 죽었으며

히 11:27-29

여기 적힌 대로, 그는 지상 최고의 가치를 얻은 부자가 되었다. 이해를 돕기 위해 위의 내용을 정리해보자.

- 왕의 권력을 초월할 정도의 담대함을 가짐
- 그리스도를 확실히 보는 눈을 얻음
- 죽음의 공포를 초월하는 인내를 가짐
- 유월절을 최초로 정한 사람이 됨
- 애굽 전역에서 두려움의 대상이 됨
- 바다를 가르고 건넌 사람들의 수장이 됨
- 가나안 땅의 정복자가 됨

결과를 보면, 모세의 처음 가치 판단은 옳았다. 영적 부를 향한 결정은 물질적 부 역시 가져왔다. 그는 애굽의 온

갖 보화에 대한 영향력을 가지고 출애굽 여정을 시작했다(출 12:36). 그리고 더 나아가 애굽 전역의 재물의 합보다 더 큰 것을 얻었다. 누가 봐도 모세의 시작은 초라했다. 그는 마치 가난의 길을 선택하는 것만 같았다. 그러나 결과는 전혀 달랐다. 더 큰 가치를 매긴 믿음의 관점이 믿음의 행동을 가져왔고, 그 결과는 그의 믿음대로 되었다. 영적 부는 물질적 부도 낳았다. 예수님의 말씀대로였다.

그런즉 너희는 먼저 그의 나라와 그의 의를 구하라 그리하면 이 모든 것을 너희에게 더하시리라 마 6:33

예수님을 만나면 돈의 용도가 바뀐다

다른 인물을 더 살펴보자. 삭개오라는 사람이다. 그는 여리고에 살았다(눅 19:1). 당시 여리고는 부동산이 제일 비싼 지역이었다. '종려나무의 성읍'(신 34:3)이라 불린 이곳에서는 각종 열매들이 풍성하게 열렸고, 유대 땅 일대에서 가장 아름답고 풍요로웠던 오아시스 도시였다. 이렇게 좋은 곳에 사는 그는 심지어 '세리장'이었다(눅 19:2). 당시 세리는 법적 특권을 이용해 잘 먹고 잘 사는 사람들이었다. 돈과 시간의 자유가 있는 사람들이었다.

삭개오는 부자가 될 수 밖에 없었다. 당시 상황을 살펴보면 3가지 이유가 있었다.

첫째, 세리에게 부여된 합법적 영향력 때문이었다. 당시 로마 정부는 세금 걷는 권한을 세리들에게 맡겼다. 그들에게는 현물경제에 대한 직접적 권한이 있었다. 세금으로 얼마를 요구할지조차 세리가 직접 정할 수 있었다. 삭개오는 부자가 될 수 밖에 없는 직업을 가지고 있었다.

둘째, 여리고 특수도 한 몫 했다. 여리고는 폭넓은 징수 대상으로 인해 세리들이 일하기 좋은 곳이었다. 부자 동네에 사는 사람들은 돈이 많았다. 또한 이 지역은 팔레스타인 전체의 무역 통로이기도 했기에, 오가는 수많은 상인들 역시 징수 대상이었다. 이들 모두 세리가 달라는 대로 세금을 내야 했다.

셋째, 그의 직위도 중요 요인이다. 그는 '세리장'이었다. 세리들 중에서도 대장이었다. 최소한 여리고 지역의 모든 세금에 대한 권한과 책임을 가진 사람이었다. 그 지역 세리들을 거느린 위치에 있는 권력자였다.

이런 환경적 요인들을 보자니 모세가 떠오른다. 혹시 삭개오는 모세처럼 물질적 부와 영적 부를 모두 취한 거룩한 부자는 아니었을까? 그렇지는 않았다. 성경은 삭개오를 세리장일 뿐만 아니라 부자였다고 소개하지만(눅 19:2), 뒤에 나오는 회개의 내용을 볼 때 그는 결코 거룩한 부자가 아니었다. 삭개오는 자신의 환경적 이점을 모두 사용해서 다른 사람을 등쳐먹은 일이 꽤 많았다. 세상 법으로 따지자면 합법적이긴 했지만, 영적으로는 불법의 일을 행했다. 아마도 과한 세금 포탈이 있었을 것이다.

여기서 잠시 당시의 세리 계급이 어떤 느낌이었는지를 살펴보자. 사실, 세리가 거룩한 부자였는지 악한 부자였는지는 별로 중요하지 않다. 그 당시에는 '세리'라는 존재 자체가 악했기 때문이다. 당시 가난했던 유대인들에게 세리는 눈엣가시 같은 존재였다. 로마 치하에서 대부분의 유대인들은 가난했다. 거기서 세리들은 '악인의 형통'을 상징하는 계급이었다(잠21:4). 게다가 세리들은 상대적 박탈감을 가져오는 대상이었다. 모두가 가난한 시대, 의식주의 문제조차 해결이 어려운 사회에서 세리는 잘 먹고 잘 살았다.

세리들은 분명 악했다. 그러나 법적 보호를 받고 있어서 어떻게 해볼 도리가 없었다. 세리. 그들은 싫으면서도 부러운 대상이었다. 모두가 손가락질하지만 동시에 동경의 대상이기도 한 존재, 불법을 행하지만 합법적으로 처벌할 수 없는 대상, 세리는 그야말로 공공의 적이었다.

그뿐만이 아니다. 최악이 남았다. 세리 계급은 매국노 집단이었다. 유대 땅에 살면서 로마 정부를 위해 일하는 사람들이었기 때문이다. 유대 사람들은 법대로 세금을 내기는 했지만 기분이 더러웠다. 뒤돌아서면 욕하며 침을 뱉었다. 선민을 자처했던 거룩한 백성 유대인들에게, 세리란 죄인들 중에서도 가장 상급 죄인이었다.

예수님의 부르심에 반응하다

그런 삭개오를 예수님이 부르셨다. 그것도 공개적으로! 또한 함께 지낼 것까지 요청하셨다.

> 삭개오야 속히 내려오라 내가 오늘 네 집에 유하여야 하겠다
>
> 눅 19:5

세리를 욕하던 사람들이 느꼈을 법한 충격을 상상해보라. 예수님을 좋아했던 사람들은 아마도 이때 많이 팬클럽 탈퇴를 선언했을 것이었다. 사람들은 예수님의 행동을 이해할 수 없었다. '까마귀 노는 곳에 백로야 가지마라'던 시조와 같은 맥락 때문이었다.

만약 예수님이 누구신지 알았다면, 군중은 세리의 변화를

기대할 수 있었을 것이다. 예수님의 능력이 세리보다 훨씬 크시기 때문이다. 하지만 사람들은 예수님이 누구신지 잘 모르면서도 따르는 중이었다(요 6:26). 그런 군중에겐 세리에 대한 지식이 더 분명했다. 세리의 존재가 예수님보다 더 크게 보였다. 사람들은 결국 예수님을 세리와 같이 여기며 험담했다(마 11:19; 눅 19:7).

그러나 반전이 일어났다. 예수님은 변치 않으셨다. 바뀐 것은 세리장이었다.

> 삭개오가 서서 주께 여짜오되 주여 보시옵소서 내 소유의 절반을 가난한 자들에게 주겠사오며 만일 누구의 것을 속여 빼앗은 일이 있으면 네 갑절이나 갚겠나이다 눅 19:8

삭개오가 회개를 했다. 예수님과 세리를 비교했던 사람들의 가치 판단이 틀어졌다. 계산과 전혀 다른 일이 일어났기 때문이다. 세리 때문에 예수님이 죄인으로 변한 것이 아니었다. 오히려 예수님 때문에 세리장이 회개했다. 죄인 중의 괴수가!

누구와 함께 있더라도 예수님은 예수님이셨다. 하지만 세리는 예수님과 함께 있을 때 더 이상 세리가 아니었다. 그는

예수님을 영접했고 전혀 다른 사람이 되었다. 삭개오의 회개
는 그의 물질적 부를 바꾸어놓았다. 소유의 절반을 가난한
자들과 나누었고, 등쳐먹은 돈은 네 배나 돌려주었다. 예수
님을 만났더니 돈의 쓰임새가 달라졌다.

삭개오의 관점 변화

삭개오가 회개했을 때, 그의 부도 함께 회개했다. 물질적 부
가 방향을 틀어 영적 부와 연결되었다. 돈의 용도가 방향을
틀었다. 돈이 돈이 아닌 것이 되었다. 예수님을 만나기 전과
전혀 다른 돈이 되었다. 세리장에게 돈이란 빼앗아 축적하는
것이었다. 하지만 회개한 후의 돈이란 예수님의 뜻대로 사용
하는 것이 되었다. 돈의 쓰임새가 완전히 바뀌면, 그 돈을 따
라 세리에 대한 인식도 바뀔 터였다. 더 나아가 용도가 바뀌
면 방법도 바뀔 것이었다. 이제 로마법의 허용 안에서 삭개오
의 수입 경로를 모두 바꿀 것이었다.

　돈의 지배를 받았던 삭개오는 이제 돈의 사용자가 되어
사람들 앞에 섰다. 그가 새로운 방식으로 돈을 사용할 때마
다 새로운 정체성도 돈을 따라 흘렀을 것이다. 이제 그의 돈
은 새로운 부의 방정식이 되었다. 돈은 사람에게서 사람으로
이동한다. 삭개오가 돈을 사용하는 곳마다 삭개오의 새로

운 주인이 증거되었다.

"삭개오는 이제 돈을 좇지 않고 예수님을 좇는 사람이다!"

"삭개오는 예수께 주인 자리를 내드린 세리장이다!"

그의 돈은 이제 그의 주인이 아니라 부하가 되었다. 도구로 전락했다. 돈은 더 이상 삭개오에게 권한이 없었다. 반대로 삭개오가 돈의 권한을 가지게 되었다.

다시 말하지만, '세리'라는 방법은 당시 부를 이루는 합법적인 수단이었다. 다만 하나님 앞에서 불법적이었다. 삭개오는 부를 축적하는 그 '합법적' 과정 때문에 하나님과의 관계도, 이웃과의 관계도 모두 깨져 있었다. 하나님이나 영적 공동체 모두를 등지고 살았다.

여기서 부의 2가지 출처는 서로 반목했다. 삭개오는 물리적으로는 부자였으나 영적으로는 전혀 부한 사람이 아니었다. 그는 진정한 부자가 아니었다. 예수님의 말씀대로라면 이런 부자는 '보물을 땅에 쌓아두는' 사람에 불과하다(마 6:19). 겉보기에는 큰 차이가 없다. 물질적으로나 영적으로나 재물은 재물이다. 눈앞에 황금 한 덩이가 있다면 그것은 일단 이 땅에 있는 것이다. 다만 이를 대하는 사람이 가진 마음 관점이 어디를 향하고 있는지가 차이를 낸다.

재물을 다루는 사람의 마음이 이 땅을 향하고 있다면 그는 부자가 아니다. 반면, 하늘을 향하고 있다면 그는 진짜 부자다. 가짜 부자는 불행하지만, 진짜 부자는 행복하다.

돈은 영적인 것이다

돈은 눈에 보이고 손에 만져진다. 적어도 숫자로 찍혀 물리적으로 보인다. 그러나 속으면 안 된다. 돈은 단순히 돈으로 끝나는 문제가 아니다. 돈은 영적인 것이다. 그래서 영적으로 다루어야 한다.

모든 가치는 상대적이다. 물리적 부 역시 상대적이며, 이는 보이지 않는 마음의 문제다. 그런데 마음이란 믿음 파워를 발휘하며 물질계를 움직이는 영혼의 처소다. 마음에서 어떤 식의 가치 판단을 하느냐에 따라 물질적 가치가 뒤따라 나온다.

'더 가치 있는 것'을 지칭하는 신약성경 용어 중 하나는 '보물'이다. 어떤 물질적 부의 가치를 보물이냐 아니냐로 결정하는 것은 물질적 돈의 액수가 아니다. 마음의 관점이다(마 6:21).

한마디로 돈을 대하는 관점이 이 땅에 있다면 영적 부와 물질적 부가 불일치한다. 그러나 하늘에 있다면 이 둘은 일치한다. 예수님은 다음과 같이 말씀하신다.

네 보물 있는 그곳에는 네 마음도 있느니라 눈은 몸의 등불이니 그러므로 네 눈이 성하면 온 몸이 밝을 것이요 눈이 나쁘면 온 몸이 어두울 것이니 그러므로 네게 있는 빛이 어두우면 그 어두움이 얼마나 더하겠느냐 한 사람이 두 주인을 섬기지 못할 것이니 혹 이를 미워하고 저를 사랑하거나 혹 이를 중히 여기고 저를 경히 여김이라 너희가 하나님과 재물을 겸하여 섬기지 못하느니라 마 6:21-24

모세는 마음을 '바로의 공주의 아들'이라는 호칭에 두지 않았다. 이것은 '잠시 죄악의 낙을 누리는 것'이라는 가치 판단을 마음에 담았다(히 11:24,25). 삭개오도 비슷했다. 예수님을 만나기 전과 다른 마음을 가졌다. 예수님 만난 사람의 정체성을 마음에 담았다. 그 때문에 돈을 다르게 바라볼 수 있었고, 돈을 이전과 다른 방식으로 사용하기 시작했다. 두 사람의 상황은 달랐지만 동일한 원리를 보여준다.

돈의 영적 측면을 이렇게 그림으로 정리해봤다.

먼저, 마음으로 부를 어떻게 보는지(물질적 부, 영적 부)에 따라 부자 정체성이 달라진다. 이 두 관점은 서로 연결되어 3단계로 부자 정체성을 만든다. 이들은 각각 새로운 관점, 새로운 행동, 그리고 새로운 결과다. 각 단계별로 지식과 믿음이, 군중과 교회가, 돈의 노예와 돈의 사용자라는 관계가 진행된다.

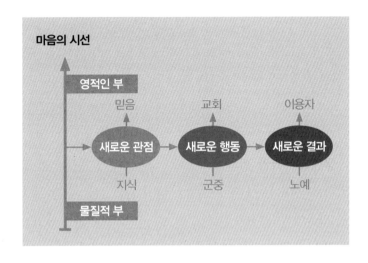

모세를 보라. 그는 마음의 시선을 영적 부에 두었다. 모세는 그리스도를 아는 지식과 믿음의 상호 작용에서 시작했고, 이후 광야 생활로 증명하며 교회 공동체로 나아갔다. 그 끝에는 그 자신뿐 아니라 출애굽 백성 전체가 노예에서 가나안의 정복자로 정체성이 바뀌는 새로운 결과가 기다리고 있었다.

모세만 그랬던 것이 아니다. 여리고의 세리장을 보라. 그는 물질적 부만 보고 살았다. 그러다 예수님을 만나면서 관점이 바뀌었다. 예수님을 아는 지식과 믿음으로 돈의 쓰임새를 바꾸는 행동을 취했다. 이때 삭개오를 알던 군중은 그의 돈이 증거하는 예수님을 경험했다. 이를 받아들인 사람들이 있었다면 그들과 함께 삭개오는 더 이상 돈의 노예가 아니었다. 그 대신 예수님을 섬기는 돈의 사용자로 거듭났다.

영적 부가 파괴된 사회

계속해서 말했듯이, 돈 자체는 영적이지 않다. 그저 수단일 뿐이다. 돈에는 흔히 말하는 3가지 쓰임새(등가의 가치 교환 척도, 혹은 가치 저장이나 측정의 수단)가 있는 것이다. 돈을 영적인 것이라고 말하는 이유는 따로 있다. 이것의 쓰임새가 영적이기 때문이다. 사용자가 사람이기 때문이고, 사람은 영물이기 때문이다.

돈은 그 자체로는 아무 영적 지위를 갖지 못한다. 다만 영물인 사람에게 어떤 쓰임새로 받아들여지느냐에 따라 영적 지위가 부여된다. 성경이 돈을 인격으로 묘사하는 부분들을 보면 알 수 있다. 돈 그 자체에는 인격이 없다. 그러나 사용자가 돈에 영적 지위를 부여하는 순간 돈이 인격적 권세를 갖게 된다. 만약 누군가 돈을 주인처럼 대한다면 그는 돈의 노예로 전락해버린다. 반면 그가 다시 돈을 일꾼처럼 대한다면 그는 돈에게 일을 시킬 수 있다. 이 부분이 영적이다. 사람이 주인을 누구로 모시느냐의 문제다. 예수님을 주인으로 모시면 예수님 외의 모든 것에 대한 이용권이 생긴다. 그러나 예수님을 주인으로 삼지 않으면 그는 돈의 노예로 전락한다.

문제는 대부분의 사람들이 돈에 신성을 부여하고 있다는 점이다. 그래서 돈은 돈이 아니다. 영적 신물이 되었다. 예수님이 신이 아닌 사람들에게 돈은 우상이 되었다. 신이 된 돈을 일컫는 성경 표현이 바로 '맘몬'이다(마 6:24; 눅 16:13). 맘몬은 영적 부의 파괴자다. 물질적으로 부하든 가난하든 상관없다. 맘몬은 그 수하들을 모두 영적 거지로 살아가도록 만들어버린다. 맘몬을 숭배하는 한, 행복한 가난한 자뿐 아니라, 행복한 부자도 없다.

맘몬의 역할은 여기서 끝나지 않는다. 돈에 신성을 부여한 사람들이 많으면 많을수록 부의 사회적 역할이 악해진다. 다시 말하지만, 영적 악이다. 사회적으로도 부 자체가 다른 모든 영적·육적 문제의 원인이 되어버린다. 그러면 하나님을 섬길 때 부의 이용자가 되는 복을 잊게 된다. 부에 대한 성경 지식이 파괴된다.

돈 숭배의 12가지 문제점

그러나 아쉽게도 이 세상은 돈에 신적 권한을 부여한 인물들로 가득하다. 하나님을 섬기는 이는 적고 돈을 섬기는 이들은 많다. 돈 숭배가 전혀 이상한 행동으로 보이지 않을 정도로 곳곳에 넘친다. 영적 부의 개념이 파괴된 돈이 세상에 가득하다. 잠언은 이런 류의 돈이 어떤 문제를 일으키는지 자세히 나열한다. 그들을 12개로 분류하자면 다음과 같다.

1. 하나님의 공의를 파괴하여 하나님의 진노와 죽음을 불러온다(잠 11:4).

2. 인간 관계를 파괴한다(잠 19:4).

3. 하늘 상급을 없앤다(잠 27:24).

4. 자기만 아는 부자를 양산해낸다(부의 편중의 문제, 잠 18:11).

5. 가난한 자든 부한 자든 돈을 향해 필사적으로 살게 만든다(잠 10:15).

6. 거짓된 사람이 되게 한다(잠 21:6).

7. 더 가치 있는 것들을 버리고 가치 없는 것들을 위해 살게 한다(잠 22:1).

8. 빼앗길 것을 모르고 모으며 살게 만든다(잠 13:22).

9. 자신이 미련한지 모르게 만든다(잠 14:24).

10. 패망하는 길로 가게 만든다(잠 11:28).

11. 배우자의 소중함을 잊게 만든다(잠 19:14).

12. 내가 수고한 결과를 잃어버리게 만든다(잠 5:10).

만약 돈 숭배가 없는 세상에 산다면?

영적 권력을 부여 받지 않은 돈은 문제가 없다. 만약 영적인 문제가 전혀 없다면, 부나 가난은 그저 심리적으로 상대적인 개념에 불과하다. A지역에 사는 a에게 가치 없는 어떤 재화는, B지역에 사는 b에게는 가치 있는 것일 수 있다. 내게 남아도는 것이 누군가에게는 부족한 것이다. 서로가 들쑥날쑥하다. 가치는 제각각이다. 등산객에게 산 아래에서의 생수한 병과 정상의 생수 한 병은 가치가 다르다.

예수님을 믿고 성령님을 선물로 받은 자들은 서로 신비하게 연결되어 있다. 만약 이들이 상대적 가치의 재화들을 영적 신용으로 연결한 돈으로 쉽게 주고받을 수 있는 영적 공동체가 된다면 가난과 부에 대한 상대적 개념은 사라질 것이다.

땅을 예로 들어볼까? 하나님만을 신으로 섬기는 사람들에게 땅의 진짜 소유주는 하나님이시다(레 25:23). 그 위에 세운 건물들도 다 하나님의 것이다(시 24:1). 성경을 알고 믿는 사람들에게는 성경법이 먼저다. 이렇게 볼 때 땅 매매는 영적으로는 불법이다. 빚에 대해서도 예를 들어보자. 돈을 빌릴 때나 빌려줄 때도 영적 부의 법칙이 달라진다. 영적 공동체 안에서는 무이자로 빌려주고 받는다(신 23:19). 개인 재산에도 다른 법이 적용된다. 저마다 소유의 쓰임새가 공동체 전체의 이윤을 위한다. 신비한 방식으로 공동소유하며, 그래도 문제가 없다(행 4:32-37).

영적인 것은 영적으로 다뤄야 이긴다

권투 경기장에서 태권도를 할 수는 없는 노릇이다. 돈을 다룰 때도 마찬가지다. 돈은 영적이니 영적으로 접근해야 이긴다. 승리는 선택 사항이 아니다. 필수다. 죽고 사는 문제이기 때문이다.

백병전에 나서는 병사를 떠올려보라. 그에게는 이기는 것 외에는 옵션이 없다. 죽든지 죽이든지 둘 중 하나다. 전장에서는 두 개의 옵션을 가질 수 없다. 어차피 지면 죽는 것, 죽기 살기로 싸워 이기는 옵션 하나만 생각하는 것이 최선이다. 승리하고 살아남는 것이 유일한 선택지여야 한다. 패배와 죽음이 차선책일 수는 없다. 만약 죽음을 생각하고 두려워한다면, 그것 때문에 사기가 떨어지게 되고, 그러면 이길 확률이 더 낮아질 것이다.

예수님을 믿게 되면 믿기 이전과 이후로 삶이 나뉜다. 이전에는 자신도 모르게 '공중의 권세를 잡은 자'를 따랐다(엡 2:2). 하지만 예수님을 믿은 이후에는 완전히 새로워져 따르는 대상이 영적으로 바뀐다(엡 2:3-22). 이 둘 사이에는 긴장이 흐른다. 바뀐 사람이지만 영혼의 경향성이 자꾸만 과거의 죄를 다시 섬기려고 한다(롬 7:17-19). 거기서 영적 싸움이 일어난다. 죄를 섬길 것이냐 예수님을 섬길 것이냐의 기로에 선 마음이 영적 전쟁을 진행 중이다(롬 7:20-25).

다시 말하지만 영적 '전쟁'이다. 이 전장 역시 죽이지 않으면 죽는 현장이다. 물리적 백병전장과 크게 다르지 않다. 죽느냐 사느냐의 싸움이다. 성경은 이렇게 말한다.

> 너희가 육신대로 살면 반드시 죽을 것이로되 영으로써 몸의 행실을 죽이면 살리니 **롬 8:13**

돈 역시 마음에서부터 다루어야 할 대상이다. 어떤 관점으로 바라볼 것인지의 전쟁이다. 한 편에서는 땅에 쌓는 것이자 주인으로, 다른 편에서는 하늘에 쌓는 것이자 이용도구로 본다. 이 둘 사이에 화해는 없다(마 6:24). 둘 중 하나를 선택하면 다른 하나는 죽는다. 영적 문제다.

크리스천은 소명자다. 당신도 그렇다. 세상을 정복하고 다스릴 임무를 예수 안에서 이어받아 믿음으로 진행 중이다. 당신은 세상 모든 것을 맡은 영적 청지기 종으로서 돈 역시 다스려야 한다. 마음의 시선을 그리스도를 아는 지식과 믿음에 근거해서 바꾸어 행해야 한다. 이를 통해 물질적 부와 영적 부를 함께 누리는 사용자로 나가야 한다. 거기에 당신이 사는 길, 이기는 길이 있다.

 ## 제안

"돈을 다스려라!" 이는 영적인 이야기다. 당장은 돈이 되지 않아 보이는 일 앞에 떨지 마라. 모세를 기억하라. 그리스도를 위하여 행한 선택이 가져온 부의 결과를 잊지 말라. 당신도 모세처럼 계산해보라. '선호 선택, 비교, 가치 판단, 상 주심을 바라봄'의 4가지 조건으로 소명의식을 새롭게 하라. 삭개오를 기억하라. 그가 그리스도를 만난 후 돈의 쓰임새를 새롭게 한 사실을 잊지 말라. 돈의 현실 용도가 성경적 부 정체성에 근거해 바뀌게 하라. 돈을 제대로 사용하는, 성경적 부의 사용자가 되겠다는 관점을 가지고 모든 가치 이용에 도전하라. "돈은 범사에 이용된다"(전 10:19).

 ## 정리

삭개오는 예수님을 만난 후 관점이 바뀌었다. 그의 마음에 있던 가치

척도가 달라졌다. 그러자 그가 이전에 가졌던 돈의 쓰임새도 변했다. 삭개오는 그제야 진짜 부자가 되었다. 이처럼 예수님과의 만남이 재물의 쓰임새를 결정한다. 이 역시 앞 장에서 다루었던 믿음의 문제다.

부는 4대까지 물려줄 산업을 하는 사람에게 온다

수단의 사용은 하나님에 대한 우리의 믿음을 약화시켜서는 안 되며, 하나님에 대한 우리의 믿음은 그분이 목적을 성취하시기 위해 우리에게 주신 수단을 사용하는 것을 방해해서는 안 됩니다.

_ 허드슨 테일러

소명자의 80년

하나님을 기쁘시게 하는 방법이 있다. 그것은 믿음으로 사는 것이다(히 11:6). 그렇다면 믿음으로 산다는 것은 구체적으로 어떤 것일까? 히브리서에는 그 사례들이 나열되어 있다. 그중 노아의 이야기를 보자.

믿음으로 노아는 아직 보이지 않는 일에 경고하심을 받아 경외함

221

으로 방주를 준비하여 그 집을 구원하였으니 이로 말미암아 세상

을 정죄하고 믿음을 따르는 의의 상속자가 되었느니라 히 11:7

    노아 이야기는 창세기에 나온다. 창세기 본문을 읽어보면

'아직 보이지 않는 일에 경고하심을 받은' 때가 언제인지 알

수 있다. 우선 홍수 심판은 노아가 600세 되던 해 시작되었

다(창 7:6,11). 방주는 이때 이미 완성한 상태였다. 한편, 처

음 경고를 받았던 나이도 나온다. 엄밀히 말하면, 다음의 다

섯 가지 일들을 통해 그의 나이를 유추할 수 있다.

    먼저, 노아가 경고하심을 받았을 때 그에게는 이미 세 아

들들이 있었다(창 6:10-17). 또한 방주 계시가 주어졌을 때는

그들이 장가간 후였다(창 6:18). 노아는 아들들을 500세 후

에 낳았다고 했다(창 5:32, 뒷부분 족보 이야기를 살펴보면 셈은

노아가 502세에 태어났다). 고대 가족사를 근거로 아들들이 2

년 간격으로 태어났고, 그들이 십대 중반에 결혼했다고 가정

한다면, 노아는 대략 520세를 전후해서 경고하심을 받았다.

아들들이 십대 중반이 아닌, 홍수 심판 직전에 결혼했을 경

우의 수도 있다. 분명한 것은 노아가 직접 방주를 지었다는

기록이다(창 6:22). 이 일은 몇 년 만에 마칠 수 있는 것이 아

니었다.

이런 식으로 가정해볼 때 흥미로운 점이 하나 더 등장한다. 노아가 '준비'한 기간은 계산이 나온다는 점이다.

600세 - 520세 = 80년.

그는 약 80년 동안 보이지 않는 일에 경고하심을 받아, 믿음으로 방주를 준비했다.

노아는 소명자다. 하나님의 부름을 받았기 때문이다(창 6:13-21). 그는 자신의 정체성대로 하나님의 말씀을 '다' 준행했다(창 6:22). 받은 말씀을 행함으로써 자신의 소명을 세상에 증명했다. 그는 들은 그대로 실행에 옮겼다. 그런데 그 실행 기간을 보라. 자그마치 80년이다.

내가 여기서 노아 이야기를 꺼낸 이유가 있다. 이 80년을 이야기하고 싶어서다. 이제부터 공부할 9원리를 잘 소화하기 위해 당신이 먼저 할 일이 있다. 노아 이야기를 생각하며 다음의 질문을 스스로에게 해보는 것이다.

'내가 지금 하고 있는 일은 앞으로 80년쯤을 내다보고 진행하는 일인가?'

믿음의 사람은 좁은 길로 간다

탁월한 사람을 부르는 말들이 있다. 그중 한 가지가 '상위 1 퍼센트'이다. 이 표현대로라면 특별한 사람을 구분 짓는 기준은 간단하다. 나머지 99퍼센트의 사람들과 차별된 삶을 사는 것이다. 그렇다면 특별해지는 방법도 약술 가능하다. 99퍼센트의 사람들이 하지 않는 일을 하면 된다. 자신을 변화시키는 방법도 마찬가지다. 그동안 해오던 일들을 그대로 하지 않는 것이다. 지금까지 했던 경험의 99퍼센트를 대체할 다른 행동을 하면 된다. 이 부분에 대해서는 후에 더 이야기해보자.

다시 노아 이야기로 돌아가보자. 노아는 특별한 인물이었다. 그가 99퍼센트의 평범한 사람들과 달랐던 부분은 '믿음'이다. 노아에게 믿음은 보이지 않는 추상적인 감정이나 일시적으로 내뱉는 주장이 아니라, 적어도 80년을 반복해서 지속한 소명의 행위였다. 멀리 바라보며 오랫동안 꾸준히 이어간 작업이었다.

대부분의 사람들은 노아처럼 살지 않는다. 근시안적이다. 돈에 있어서도 믿음의 원리는 행하지만, 멀리 보지 않고 제자리걸음만 할 뿐이다. 혹시라도 천재지변이 일어나 급작스럽게 부자가 된다 해도 소용없다. 눈앞의 것만 보고 가면 재물은 날개를 달고 날아가버린다.

내가 만났던 두 사람의 이야기를 해보려 한다. 한 명은 재정이 어려운 사람이었고, 다른 한 명은 넉넉한 재정을 가지고 있었다. 둘의 이름을 가명으로 각각 청수와 창수라고 해보자.

가난한 청수는 일용직이나 단기 아르바이트로 근근이 살았다. 한번은 당장 돈이 되는 일을 하기 위해 밤샘 아르바이트를 했다. 다른 일보다 시간당 천 원이나 더 주는 일이라 좋아했다. 그 일을 3년 동안 했다. 그러던 어느 날, 급기야 청수는 쓰러졌다. 간신히 일어난 후에도 피로가 쉽게 풀리지 않자 병원에 갔다. 여러 가지 검사를 통해 간이 망가졌고 쓸개에 돌이 생겼다는 결과를 들었다. 이제는 수술을 받아야 할 지경이었다. 그러나 그에게는 수술비도, 들어놓은 보험도 없었다. 검사 결과가 나온 그날도 아르바이트를 하러 나가야 했다.

창수는 몇 개의 핸드폰 판매 점포를 운영하는 사장님이었다. 얼마 전 예수님을 믿게 된 그는 사실 그전까지 두 집 살림을 해왔다. 드라마 〈부부의 세계〉를 찍고 있던 그가 회개에 이르게 된 이유는 예수님이 아니라 돈 때문이었다. 그는 사업 과정에서 7천만 원 정도를 잃은 적이 있는데, 그때 잃은 돈이 아까워 힘든 마음에 방황하다가 복음을 듣고 회개한 것이다. 회개한 후에는 두 집 살림도 청산했다. 그는 아내의 품으로 돌아갔다.

그러나 창수의 마음에 심긴 복음 씨앗이 가시덤불에 걸리는 일이 일어났다. 재물 유혹에 막혀 더 이상 성장할 수 없게 된 것이다(마 13:22). 회개한 후 두 달쯤 지났을 때, 그의 내연녀와 함께 투자한 비트코인 가격이 두 배로 뛰었다. 사업은 망조였는데, 짧은 시간에 통장에 2억 원이 꽂혔다. 사업으로 날렸던 7천만 원을 회복하고도 1억3천만 원 이상이 남았다. 이 일로 그는 믿음을 버리고 내연녀에게로 돌아갔다. 창수의 회개로 잠시나마 회복 분위기였던 가정은 금세 산산조각났다.

청수와 창수의 소유 재산은 전혀 달랐다. 청수는 하루 벌어 하루 먹고 살았고, 창수는 동산과 부동산을 잔뜩 가지고 있던 사업가였다. 그러나 돈에 대한 두 사람의 영적 관점은 동일했다. 둘 다 근시안적이었다. 멀리 내다볼 줄 몰랐다. 청수는 당장 천 원을 더 받으려고 미래 에너지를 끌어다 소진해버렸다. 창수는 당장 생긴 현금 2억 때문에 예수님과 가족이라는 영적 자산을 모두 내다버렸다.

청수와 창수에게는 미래가 없다. 이들의 재산 때문이 아니다. 이들이 가진 근시안 때문이다. 대부분의 사람들이 이들과 같다. 멀리 내다보고 현재를 결정하지 않는다. 반면, 소수만이 멀리 내다보며 현실을 헤쳐나간다. 멀리 내다보지 않는다면 소명자가 아니다. 노아처럼 멀리 보며 80년씩이나 준비하며 일하는 사람이 소명자다.

소명자는 멀리 보고 투자한다

많은 사람이 부자가 되고 싶어 한다. 그러나 그들 대부분이 긴 안목, 예컨대 '80년짜리 부자 되기 플랜' 같은 것을 가지고 있지는 않다. 소명자는 세상과 다른 길을 간다. 그들은 돈이 안 되는 일에도 긴 시간을 투자할 수 있다. 직장생활을 하더라도 소명자는 월급 이상의 것을 추구한다. 잠언에는 이렇게 써 있다.

> 지혜를 얻는 것이 금을 얻는 것보다 얼마나 나은고 명철을 얻는 것이 은을 얻는 것보다 더욱 나으니라 잠 16:16

돈으로 비유해서 말하자면, 노아는 돈이 안 되는 일을 오랫동안 했다. 하지만 돈을 얻는 것보다 더 나은 일이었다. 다시 말하지만, 지혜는 우물 바깥에 있다. 잠언에서 말하는 것처럼 '금을 얻는 것'에 국한해서 사는 삶은 지혜자의 삶이 아니다. 금보다 더 나은 것을 얻기 위해 일하는 사람이 지혜자다.

여기서 금은 돈을 말한다. 즉, 직장생활의 이유는 월급 이상의 것이어야 하고, 사업의 방법은 금전적 이윤 이상의 목적을 추구하는 데 있어야 한다. 더 나은 것은 '지혜를 얻는 것'이다.

그리스도가 곧 지혜시다(고전 1:30). 그리스도를 얻기 위해 일하는 것이 월급이나 이윤 이상의 가치를 만들어낸다. 당신은 그리스도를 향해 출발한 화살과 같다. 그리스도를 이미 얻은 우리는 또한 그분을 완전히 붙잡기 위해 달리고 있다(빌 3:12).

이러한 인생 소명은 마음의 시각 범위가 남다르다. 그리스도만큼을 내다본다. 온 세상의 끝과 그 이후까지를 내다보며 산다. 노아의 시각보다 더 넓고 깊다. 노아가 소명대로 100년도 안 되는 시간을 내다보며 매일을 투자했던 것보다 더 길고 높다. 당신은 지금 영원을 내다보며 매일 하루씩 투자하고 있으니까.

소명자는 멀리 보며 수모를 견딘다

노아 이야기는 믿음에 대해 많은 것을 생각하게 한다. 노아의 방주 준비 기간은 그의 인생에 있어서 거대한 리스크였다. 사회적, 심리적, 영적, 경제적으로 모든 면에서 위험을 무릅써야 했던 일이었다. 방주 짓기라니. 그것도 산 위에. 비도 안 오는 데.

그는 남들이 가지 않는 길로 갔다. 99퍼센트가 아니라 99.99퍼센트의 사람들이 꿈도 못 꾼 일을 진행했다. 대홍수 이전에는 비가 없었다(창 2:5,6). 노아가 방주를 짓는 곳은 지리상으로도 바다와 멀리 떨어져 있는 지역이었다. 방주는 고사하고, 비도 본 적 없는 사람들 사이에서 노아는 거대한 배를 지었다. 하루 이틀도 아닌 오랜 시간 동안 그는 그 일을 지속했다. 이런 일이 사회적으로 환영 받았을 리는 없고, 이윤이 남는 일이었을 리도 없다.

노아라는 사람의 캐릭터도 일반 사람들과 달랐다. 당시 사회의 전반적인 분위기와 달라도 지나치게 달랐다.

그때에 온 땅이 하나님 앞에 부패하여 포악함이 땅에 가득한지라

창 6:11

거기서 노아 딱 한 사람만 달랐다.

이것이 노아의 족보니라 노아는 의인이요 당대에 완전한 자라 그는 하나님과 동행하였으며 창 6:9

그의 존재는 너무 튀었다. 극단적이라 할 만했다. 까마귀 떼 사이의 백로 한 마리 같았다. 어둠 가운데 빛 같은 사람이었다. 혼자만 달랐다.

그런데 튀어나온 못이 정 맞는 법이라고, 도덕적 판단이 없던 시기였다 해도 이렇게 특이한 행동을 하는데 사회적으로 괜찮았을 리가 없다. 만약 사람들이 "지금 뭐하는 겁니까?"라고 질문했다면, 노아는 소명을 감출 길이 없었을 것이다. 그가 하고 있던 행동 자체가 하나님의 말씀을 증거하는 것이었다. 거대한 배를 수십 년간 만드는 일을 감추기란 매우 어려웠을 것이다.

노아가 겪었을 법한 어려움은 또 있다. 그의 아들들은 방주에 들어갈 때 자식이 없었다. 노아에게는 손주가 없는 상태였다. 물론, 아들들이 방주에 들어가기 직전에 결혼해서 아직 자녀가 없었을 가능성도 있다. 하지만 그 가능성만큼이나 다른 가능성도 있다. 노아의 아들들이 일찍 결혼했을 경우를 상상해보자. 노아는 실패자 중의 실패자로 보였을 것이다. 결혼한 아들들이 모두 자녀가 없는 가정의 가장이었기 때문이다. 그는 세대가 끊긴 무리의 수장이었다. 고대 사회의 '찐따'였다.

앞뒤 숫자를 따져보면, 이런 경우도 충분히 가능하다. 아닐 수도 있지만 만약 사실이었다면 노아의 방주 준비 기간은 훨씬 큰 심리적 고통의 기간이었을 것이다. 당시의 사회상에서는 최악의 수모를 동반한 과정이었다. 그럼에도 불구하고 그는 멀리 봤다. 믿음의 시각을 멈추지 않았다. 열매를 맺기까지 일했다. 한 번에 하루씩 투자하며 모든 과정을 통과해 냈다. 그는 소명을 완수했다. 처음 아담에게 주셨던 소명이 다시 이어지게 되었다(창 1:28).

하나님이 노아와 그 아들들에게 복을 주시며 그들에게 이르시되 생육하고 번성하여 땅에 충만하라 **창 9:1**

세대를 아우르는 관점을 가지면 부가 따라온다

'80년'은 정확한 기간이라기보다 상징적인 기간이다. 소명자가 남다른 관점으로 어떤 일을 지속하는 긴 시간을 말한다. 80년은 강산이 여덟 번 바뀌는 시간이다. 고대 사회의 경우 이는 4세대, 증손주를 볼만한 기간이다. 그리고 보니 잠언에 등장하는 부에 대한 구절 중 4세대를 포함한 구절이 있다.

선인은 그 산업을 자자손손에게 끼쳐도 죄인의 재물은 의인을 위하여 쌓이느니라 **잠 13:22**

잠언에서 '선인' 혹은 '의인'은 '지혜자'를 뜻한다. 성경 전체의 맥락을 가지고 요약하자면, 지혜자의 궁극은 그리스도다. 또한 그리스도를 향한 믿음의 관점을 가지고 영원을 내다보는 그리스도인이다. 그런 사람은 부지런하다. 가난하다 해도 거기서부터 시작해 가난을 경작해나간다. 예수님의 므나 비유에 등장하는 '작은 일에 충성하는 청지기'와 같은 사람이다(눅 19:17).

잠언의 이 구절에는 지혜자가 하는 일, 즉 '산업'의 범위도 나온다. 그 산업은 '자자손손'에게 끼친다고 했다. 이 부분의 구약 표현은 '바네바님'으로, 직역하면 '손주 세대까지'를 뜻한다. 구약 문화를 반영해서 말하자면 4세대까지를 아우른다. 그러니까 자녀의 손주 세대까지다. 지혜자는 당장의 이득을 위해 일하지 않는다. 80년쯤 내다보며 일한다. 다른 말로 '바네바님'의 기간을 내다보는 시각을 가지고 산업을 일으키는 사람이다.

잠언에 등장하는 부자란 '바네바님', 즉 자녀의 손주 세대까지 함께 이득을 나눠 가질 것을 바라보며 일을 시작하는 사람을 뜻한다. 이 부분은 노아의 인생과도 일치한다. 이것이 소명자의 모습이다.

잠언이 말하는 부자는 지혜자의 한 모습이다

잠언에는 부자와 가난한 자를 비교하는 구절들이 가득하다. 여기에는 물질적 부와 영적 부의 모습이 동시에 등장한다. 이들을 살펴보면 진정한 부를 이루는 사람이 누군지가 보인다.

'A부터 Z까지'라는 말이 있다. 양 끝에 있는 두 개를 말함으로써 그 사이의 전부를 아우르는 표현이다. 이런 표현법은 성경에도 등장한다. 예를 들자면, 예수님은 '알파와 오메가'이시며, '처음'과 '나중'이시다(계 1:8). 예수님으로부터 모든 것이 나오고 진행되고 끝난다는 의미다.

잠언에 등장하는 가난한 자와 부자의 대조도 그렇다. 이 둘을 말함으로써 부와 관련된 다양한 태도와 관점 전체를 아우른다. 이들을 종합해보면 다음과 같은 12개의 캐릭터를 정리해볼 수 있다. 이들은 모두 물질적 부와 영적 부의 균형을 가진 지혜자의 모습이다. 혹은 참된 부자의 특징을 나타낸다. 이들은 4세대를 아우르는 관점으로 거대한 리스크를 감당하며 부를 만들어낸다.

1. 자기 자신을 살펴 아는 사람

예수님을 만났던 부자 청년이 있었다. 하지만 물질적 부의 영역에서 벗어나지 못한 그를 진정한 부자라고 볼 수는 없다. 그에게는 지혜가 없었다. 그런 부자는 스스로를 지혜롭다고 여기지만, 진정한 지혜자는 물질적 부가 없을지라도 자기 자신을 살펴 아는 눈과 지식을 가지고 있다.

"부자는 자기를 지혜롭게 여기나 가난해도 명철한 자는 자기를 살펴 아느니라"(잠 28:11).

2. 자기 소명을 알고 행하는 사람

지혜가 없으면 욕구를 쫓아 행하기 십상이다. 그들은 멀리 내다보며 일하는 법이 없다. 그저 눈앞의 즐거움을 따라다닌다. 다른 말로 방탕한 삶을 산다. 그런 사람은 진정한 부자가 아니다. 가난뱅이다. 자기 소명 바깥의 일을 기웃거리는 사람, 꼭 안 해도 될 일로 시간을 채우는 인생은 궁핍하게 된다.

한편 방탕함의 반대편에는 자기 영역에서 충실히 일하는 태도가 있다. 작은 돈을 가졌더라도 그것을 자신의 소명에 맞게 관리하는 사람이다. 그는 지혜자이며 참 부자다. 그런 태도를 가진 사람은 당장은 가난하더라도 부해지고 말 것이다. 결국 자기 소명에 집중하는 것이 부의 길이다.

"자기의 토지를 경작하는 자는 먹을 것이 많으려니와 방탕을 따르는 자는 궁핍함이 많으리라"(잠 28:19).

3. 충성된 사람

진정한 부란 '충성'과 관련이 있다. 이것의 신약적 표현은 '피스토스'로, 어떤 일을 예측 가능할 정도로 신실하게 꾸준히 반복하는 태도를 뜻하는 말이다. 말하자면 습관 같은 것이다. 날마다 같은 시간, 같은 장소에서 기도하셨던 예수님의 모습이 바로 충성이다(눅 22:39).

피스토스는 서두르는 법이 없다. 한 번에 모든 일을 끝마치려 들지 않는다. 긴 시간을 들여 잘게 쪼갠 일을 꾸준히 진행한다. 피스토스로 진행하는 일들은 하나같이 임계점을 만난다. 80년 동안 진행한 일이 홍수 심판일에 이르러 한순간에 증명되는 것과 같다. 진정한 부는 피스토스의 사람들에게 찾아온다.

"충성된 자는 복이 많아도 속히 부하고자 하는 자는 형벌을 면하지 못하리라"(잠 28:20).

4. 돈, 그 이상을 추구하는 사람

돈을 벌고 관리하는 행위 자체는 악한 것이 아니다. 다만 무엇을 바라보느냐에 따라 악해질 수 있다. 시선의 문제다. 재물 얻는 행위의 목적은 진정한 부와 관련되어 있다.

성에 대한 이야기로 예를 들어보자. 섹스 그 자체가 목적인 관계는 악하다. 그러나 하나님 안에서 이어온 교제의 끝에서 결혼을 통해 주어지는 결과물로의 성 관계는 선하다. 부도 마찬가지다. 재물 자체에 목적이 있는 행위는 악하다. 그 끝에는 부가 없다. 다만 '빈궁'이 있을 뿐이다.

진정한 부에 이르는 길이란 재물을 얻는 그 자체보다는 '선한 눈'에 있다. 예수님 역시 '하늘에 쌓는 재물'의 사람에 대한 '눈' 이야기를 하셨음을 기억하라(마 6:21-23).

"악한 눈이 있는 자는 재물을 얻기에만 급하고 빈궁이 자기에게로 임할 줄은 알지 못하느니라"(잠 28:22).

5. 돈의 관리자가 되려는 사람

소유하는 자는 참 부자가 아니다. 모든 재물의 소유자 자리를 하나님께 드리고 내려와 관리자로 낮아지는 자가 참 부자가 된다. 부는 욕심을 낸다고 이룰 수 있는 것이 아니다. 원소유주가 따로 있기 때문이다. 성경의 원리를 따라 자기 주머니에 주어지는 돈마저 하나님의 것으로 다루는 사람이 참 부자다. 이들의 다른 이름이 바로 '하나님을 의지하는 자'이다. 중요하니 한 번 더 말하겠다. 소유하지 않고 관리할 때 부가 따라온다.

"욕심이 많은 자는 다툼을 일으키나 여호와를 의지하는

자는 풍족하게 되느니라"(잠 28:25).

6. 너그러운 사람

가난은 상대적 개념이다. 각자의 수준에서 자신보다 더 가난한 자를 불쌍히 여기는 것이 곧 부의 길이다. 어떤 이에게라도 더 가난한 사람은 있다. 그를 너그럽게 대하는 것이 참된 부로 안내한다.

너그러움의 크기는 주인의 크기가 결정한다. 하물며 창조주로부터 돈을 맡아 관리하는 자는 너그러울 수밖에 없다. 자기 주머니에 있는 것이 자기 것이 아니라 하나님의 것임을 주장하는 사람들, 이들은 자신보다 가난한 자들에게뿐 아니라 부한 자에게조차 너그럽다.

돈을 자신의 것으로 여기는 사람은 다르다. 그들은 가난한 자에게조차 너그럽기 힘들다. 재물 근심이 그들의 주식(主食)이기 때문이다.

"가난한 자를 구제하는 자는 궁핍하지 아니하려니와 못 본 체하는 자에게는 저주가 크리라"(잠 28:27).

7. 악인의 형통에 집중하지 않는 사람

분노와 부러움은 이웃이다. 행악자 때문에 화내는 것과

악인의 형통을 부러워하는 것은 사실 한통속이다. 만약 악인보다 하나님이 더 커 보인다면, 그들에게 신경 쓸 필요가 없을 것이다.

세상에는 악한 부자도 많은데, 이들을 향해 분노하는 배경에는 부러움이라는 뿌리가 있다. 가난할수록 더 그렇다. 이는 돈 섬김의 또 하나의 방식이다.

하나님보다 재물이 더 커 보이는 2가지 경우가 있다. 하나는 많은 재물이, 다른 하나는 재물이 없는 빈자리가 더 크게 보일 때다. 만약 돈이 악한 것이었다면 부자만 모두 악해야 한다. 그러나 실상은 다르다. 돈이 많든 적든 예수님을 떠나는 사람 때문에 그들의 돈이 함께 악해진다.

여기서 돈과 관련된 악의 방정식은 하나다. 부자가 돈이 많아 예수님을 떠나든, 가난한 자가 돈이 없어서 떠나든 돈 때문에 예수님을 떠나는 것은 둘 다 마찬가지이다. 그렇기에 하나님께 집중하는 데는 부함뿐 아니라 가난도 방해가 될 수 있다.

선한 돈의 방정식도 있다. 예수님의 사람들은 물리적으로 가난할 수도 있고, 부할 수도 있다. 하지만 그 중심에 예수 소명이 있기에 악한 부자에게 무관심하다. 그저 자신의 소명의 길에 고도로 집중하며 충성할 뿐이다. 그래서 잠언은 이렇게 말한다.

"너는 행악자들로 말미암아 분을 품지 말며 악인의 형통함을 부러워하지 말라"(잠 24:19).

8. 마음을 지키는 사람

마태복음 19장에 등장하는 부자 청년은 돈 때문에 예수님을 떠났다. 하지만 부자에게만 돈이 문제가 되는 게 아니다. 말했듯이 가난한 자도 돈 때문에 예수님을 떠난다. 흥미롭게도 예수님 때문에 예수님을 떠난 이는 없다.

예수님을 찾아왔던 부자 청년의 질문을 보라.

"내가 뭐가 부족한가요?"

이 질문만 보아도 그가 참 부자가 아닌 걸 알 수 있다. 가난한 사람도 같은 논리를 편다.

'나는 저 사람보다 돈이 부족해. 이 돈으로는 그 소명을 실행할 수 없어!'

둘 다 소명 때문에 소명을 버린 것이 아니다. 그저 돈 때문이다.

이와 반대로 지혜자는 마음을 지킨다. 돈을 대하는 자신의 태도가 소명 실행에 방해되는 것을 경계한다.

"내가 두 가지 일을 주께 구하였사오니 내가 죽기 전에 내

게 거절하지 마시옵소서 곧 헛된 것과 거짓말을 내게서 멀리
하옵시며 나를 가난하게도 마옵시고 부하게도 마옵시고 오
직 필요한 양식으로 나를 먹이시옵소서 혹 내가 배불러서 하
나님을 모른다 여호와가 누구냐 할까 하오며 혹 내가 가난
하여 도둑질하고 내 하나님의 이름을 욕되게 할까 두려워함
이니이다"(잠 30:7-9).

9. 부지런한 사람

잠언에 의하면, 가난한 자는 당하고 사는 위치에 있다. 돈
때문에 서러워본 사람 중 이 말을 듣고 울컥할 이들이 있을
것이다. 울컥도 소명이다. 소명자는 꿈틀한다. 가난에서 벗
어날 방법을 찾는다. 잠언이 제시하는 방법 중 가장 많이 반
복되는 것은 바로 '부지런함'이다(잠 6:10-11; 19:1; 28:6).

부지런함이 무엇인지는 앞서 다루었다. 요약하자면 이것
은 소명자의 성품이다. 자신이 누구인지 알고, 그에 맞게 소
명대로 행동하는 것을 뜻한다. 때에 맞게 자신의 일을 하는
농부와 같은 캐릭터다(잠 20:4).

반면 게으름에 이르는 길을 가는 자들은 부지런함의 그것
과 반대로 행한다. 이들의 특징은 조금씩 진행하는 것이다.
매번 '좀 더, 좀 더, 좀 더'를 주장하며 타이밍을 조금씩 놓친

다. 그런 이는 자기도 모르는 새 가난해진다. 거기다 매사에 거부할 수 없는 무게의 피곤함에 눌리게 된다. 그들에게는 가난이 강도같이, 군사같이 이른다고 했다. 조금씩 쌓인 눈송이가 어느 날 지붕을 무너뜨리는 것처럼 말이다.

지혜자의 길은 이러한 게으름을 거스른다. 매번 '좀 더, 좀 더, 좀 더'를 외치며 게으름을 조금씩 제거한다. 소명의 타이밍을 '좀 더, 좀 더, 좀 더' 따라잡는다. 자신이 꼭 해야만 하는 일(나의 경우, 기도와 말씀과 운동과 연구와 실행)에 매번 '좀 더, 좀 더, 좀 더' 매진한다.

"좀 더 자자, 좀 더 졸자, 손을 모으고 좀 더 누워 있자 하면 네 빈궁이 강도같이 오며 네 곤핍이 군사같이 이르리라"(잠 6:10,11).

10. 가난을 숨기지 않는 사람

어떤 사람들은 가난을 숨기기 위해 많은 돈을 지불하기도 한다. 예는 많다. 힘에 너무 넘치는 집을 사면서 빚더미에 올라 평생을 가난하게 사는 사람, 외제차를 장기 할부로 구입한 바람에 매월 전체 월급을 차 할부금 갚는데 다 써버리는 신입사원…. 얼마 전에는 한 인터넷 방송에 수천 만 원어치의 별 풍선을 쏜 사람이 알고 보니 정말 가난한 사람이었다는 뉴스도 보았다. 이런 사람들은 가난을 숨기기 위해 노력하며 산다. 그러나 잠언은 가난을 숨겨주지 않는다. 그저 담담한 어조로 가난이 어떤 취급을 받는지 현실적으로 하나하나 묘사한다.

"가난한 자는 이웃에게도 미움을 받게 되나 부요한 자는 친구가 많으니라"(잠 14:20).

"가난한 자는 간절한 말로 구하여도 부자는 엄한 말로 대답하느니라"(잠 18:23).

"가난한 자를 학대하는 가난한 자는 곡식을 남기지 아니하는 폭우 같으니라"(잠 28:3).

"가난한 백성을 압제하는 악한 관원은 부르짖는 사자와 주린 곰 같으니라"(잠 28:15).

"재물은 많은 친구를 더하게 하나 가난한즉 친구가 끊어지느니라"(잠 19:4).

"가난한 자는 그의 형제들에게도 미움을 받거든 하물며 친구야 그를 멀리 하지 아니하겠느냐 따라가며 말하려 할지라도 그들이 없어졌으리라"(잠 19:7).

"부자의 재물은 그의 견고한 성이요 가난한 자의 궁핍은 그의 멸망이니라"(잠 10:15).

11. 가난과 부에 대한 이해와 지혜가 있는 사람

잠언은 가난한 자를 좋게 보지 않는다. 잠언에 의하면 그는 게으르고, 악하다. 하나씩 살펴보자. 우선, 잠언이 말하는 가난한 자는 일방적인 피해자가 아니다. 그는 게으른 자로 자주 묘사된다. 이 부분들을 요약하자면: 그는 배우거나 상황을 역전시키려 하지 않고, 피동적이거나 잠든 상태이며, 혹은 계획 없이 매일 조금씩 뭉그적거리는 걸 좋아하며, 마땅히 해야 하는 일마저 기약 없이 미루고 사는 소명 없는 자다(잠 6:6-11; 10:4; 19:24; 22:13; 24:30-34; 26:14).

잠언에서 말하는 가난한 자는 지혜도 없고, 게으른 자다. 부지런히 지혜를 얻으려는 태도가 없는 그는 악인이다.

지혜는 일단 발견하기 쉬운 곳에 있다.

지혜가 길거리에서 부르며 광장에서 소리를 높이며 훤화하는 길 머리에서 소리를 지르며 성문 어귀와 성중에서 그 소리를 발하여 가로되 잠 1:20,21

게다가 보물을 구하는 사람처럼 간절히 찾으면 만날 수 있다(잠 2:1-5). 그럼에도 지혜를 찾지 못하는 이유는 그가 게으른 태도로 일관하기 때문이다(잠 1:24-33). 이는 곧 그

잡을 것도 사냥하지 않는 악한 자이며, 서까래가 퇴락하고 집이 새게 하는 주범이다(잠 12:27; 전 10:18).

한편 잠언은 가난한 자에 대해 긍정적인 관점도 보인다. 바로, 가난한 자의 존재가 다른 이에게 부를 가져다준다는 것이다. 가난한 자를 '성실히 신원'하면 자신의 지위가 '영원히 견고'하게 될 것이다(잠 29:14). 가난한 자를 '구제'하면 자신의 궁핍에서 벗어나게 된다(잠 28:27). 심지어 가난한 자를 '불쌍히 여기는 것'은 여호와께 꾸어 드리는 일이라고까지 말한다(잠 19:17).

여기까지 정리하자면, 가난한 자는 2가지 측면을 동시에 가지고 있다. 어렵게 살지만 벗어날 길은 지혜에 있으며, 동시에 그 존재는 또 다른 사람들에게 부의 기회를 준다.

"가난한 자와 부한 자가 함께 살거니와 그 모두를 지으신 이는 여호와시니라"(잠 22:2).

12. 참된 지식이 있는 사람

이 내용은 1원리에서 한 번 다루었다. 잠언에 기록된 대로, 여호와를 경외함이 사람을 부의 길로 이끈다. 그렇다면, 경외함이 없을 때는 어떻게 되겠는가?

여호와를 경외하지 않는 사람이 물질의 복을 받는다는 구절은 성경 어디에도 등장하지 않는다. 다만 '악인의 형통'에 대한 언급은 있다. 그러나 그는 성경이 말하는 참된 부자는 아니다(잠 21:4; 24:1,19; 11:10). 악한 부자는 스스로를 지혜롭게 여긴다(잠 28:11). 이는 경외함이 없는 태도이며, 지식이 없는 모습이다.

잠언은 지혜 있는 자를 여러 모습으로 표현한다. 그중 핵심은 여호와를 경외함이다. 이와 동의어는 지식 있는 자다. 의인은 가난한 자의 사정을 '알아주는' 사람이라는 묘사나(잠 29:7), 부자가 되기 위한 '사사로운 지혜'가 없는 사람과 같은 표현에서 알 수 있다(잠 23:4).

"겸손과 여호와를 경외함의 보상은 재물과 영광과 생명이니라"(잠 22:4).

 제안

이 장을 시작하며 했던 질문에 다시 한번 답해보자.

"내가 지금 하고 있는 일은 앞으로 80년쯤을 내다보고 진행하는 일인가?"

◈ 정리

99퍼센트의 사람들과 다른 일을 한다면 고통을 받게 된다. 하나님의 말씀 때문에 남들과 다른 길이라 해도 오랜 시간 지속하고 있는 일이 있는가? 그렇다면 당신도 노아처럼 소명자다.

부는 소유가 아니라 영향력이다

부가 그 자체로 악으로 간주되지 않도록 하나님은 때때로 의인에게 부를 허락하십니다. 그리고 주님께서는 부가 궁극적인 선으로 여겨지지 않아야 하기 때문에 자주 악인들에게 부를 주십니다. 그러나 부는 더 일반적으로는 악인들의 일부입니다. _ 윌리엄 세커

당신이 하나님의 부이다

하나님은 부족한 것이 없으시다. 이미 온 우주가 다 하나님의 것이기 때문이다. 아무것도 부족한 것이 없으신 하나님께 인간만이 유일한 결핍이다. 이것이 가능한 이유는 전능자가 사랑으로 자신을 제한하시기 때문이다. 우리는 이사야서에서 그 예를 찾아볼 수 있다. 하나님은 이렇게 인간을 향해 호소하신다.

하늘이여 들으라 땅이여 귀를 기울이라 여호와께서 말씀하시기를 내가 자식을 양육하였거늘 그들이 나를 거역하였도다 소는 그 임자를 알고 나귀는 그 주인의 구유를 알건마는 이스라엘은 알지 못하고 나의 백성은 깨닫지 못하는도다 하셨도다 사 1:2,3

우리는 절대자의 사랑을 한 몸에 받았다(롬 5:8). 독생자 예수 그리스도까지 받았다(요 3:16). 그 안에 믿음으로 거하는 자들은 하나님의 자녀로 거듭남을 얻었다(요일 3:1). 그럼에도 불구하고 많은 순간 다시 죄로 돌아가 버린다. 소나 나귀도 주인을 아는데, 우리는 창조주를 모른다. 짐승만도 못하다.

사랑으로 자신을 낮추신 창조주께 여전히 돌아가지 않는 것은 인간뿐이다. 피조물 중 인간만이 교만하다. 마음과 뜻과 힘을 다하는 사랑을 드려도 모자란 판에, 하나님 앞에 목을 곧게 세운다. 간혹 드리는 사랑이란 일시적이다. 쉬 없어지는 구름이나 아침이슬처럼 잠시 보였다 사라진다(호 6:4).

하나님은 큰 가격을 지불하시고 우리를 새롭게 하셨다(갈 1:4). 그러나 우리는 너무 쉽게 그 가치를 저버린다(갈 5:1). 그럼에도 하나님은 신의가 없는 우리를 기다리신다. 모두를 구원하시려고 오래 참으신다(벧후 3:9). 그분이 가지신 유일한 결핍은 우리다. 우리가 하나님께 가장 비싼 존재다. 즉, 우리가 그분의 부이다.

하나님은 당신을 옮기신다

하나님은 부를 이동시키신다. 달란트 비유에서도, 므나 비유에서도 그랬다(마 25:28; 눅 19:24). 있는 자는 받아 풍족하게 되고 없는 자는 그 있는 것까지 빼앗기게 될 것이다(마 25:29; 눅 19:26). 그런데 이것은 우리의 관점이다. 하나님의 관점에서 보자면, 하나님은 자신의 부를 이동시키신다. 그분은 자신의 자녀들을 옮기신다. 그분께 진정한 부를 자꾸 낯선 곳으로 보내신다. 이것은 흔히 말하는 '믿음의 여정'으로 나타난다.

믿음의 여정에는 공통점이 있다. 성경에 등장하는 믿음의 여정은 낯선 곳으로 이동하는 것과 관련이 있다. 하나님이 당신을 우물 안(경험 세계)에서 우물 밖(낯선 세계)으로 옮기신다. 몇 사람만 떠올려 봐도 알 수 있다. 노아는 무려 대홍수를 통과해서 새 창조의 땅으로 나갔다. 그 역시 최종 목적지에 대한 정보만으로 80년 가까이 방주를 준비했다. 그 오랜 시간 동안 믿음으로 세부 사항들을 통과해야 했다.

아브라함은 그의 본토, 친척, 아비의 집을 떠나야 했다(창

249

12:1). 그는 GPS도, 지도도, 정보도 없이 떠났다. 여정은 낯설었고, 덕분에 하나님께 집중하는 훈련의 연속이었다. 여정은 오래 걸렸다. 평생이 들었다. 그 끝에야 그는 믿음의 조상으로 설 수 있었다.

야곱은 도망자 신세로 떠돌았고, 요셉은 심지어 외국에 노예로 팔려가기까지 했다. 모세와 출애굽 백성은 또 어땠는가? 그들은 전혀 경험한 적 없는 세계로 들어가 기약 없이 떠돌아야 했다.

하나님은 매번 믿음의 여정을 허용하셨다. 자신의 백성을 철저히 새로운 환경으로 옮기셨다. 그들이 익숙해 하는 것에만 머물도록 놔두지 않으신다. 경험한 적 없는 세계로 들여보내셨다. 그러면 하나님의 백성은 성장했다. 하나님은 낯선 환경이 주는 독특한 불안감을 선용하셨다. 의지할 것이 하나님밖에 남지 않은 환경에서 사람들은 성장했다. 믿음의 사람으로 정체성이 완전히 달라졌다. 더욱 하나님만 붙드는 법을 배우고 연습했다. 하나님께 가치 있는 존재로 거듭났다. 풀무불 속에 던져 넣은 은 같았다.

> 은에서 찌꺼기를 제하라 그리하면 장색의 쓸 만한 그릇이 나올 것이요 잠 25:4

하나님께서 이들을 이동시키신 방법은 다양했지만, 거기엔 공통점이 있었다. 여기에 원리가 담겨 있다. 하나님은 이 원리를 당신에게도 실현 중이시다. 하나님은 자신의 소중한 존재인 당신을 계속 옮기신다. 낯선 여정으로 이끄신다. 목적은 당신의 믿음 성장에 있다. 철저히 하나님 한 분만을 의지하는 사람으로 성장하는 것이다.

이동 과정은 고되다. 그러나 열매는 달다. 당신은 낯선 환경에서 하나님만 의지하는 법을 배우게 되면서 정체성의 변화를 경험할 것이다. 부에 대한 관점도 변화할 것이다.

이것이 하나님의 방법이다. 소중한 것을 소중히 다루시는 하나님의 노하우다. 마치 예수님의 달란트 비유와 므나 비유에 등장하는 선한 청지기들의 모습과 같다. 하나님이 먼저 우리를 옮기시며 부의 모범을 보이신다. 리스크를 감당하며 이윤을 남기는 방향으로 믿고 소중한 것을 투자하신다.

믿음의 여정을 통과했던 하나님의 사람들을 보라. 그들은 변했다. 이동 과정을 거쳐 복의 근원으로 성장했다. 이들 때문에 세상 모두가 복을 받는 존재로 격상했다.

하나님은 지금도 같은 일을 하고 계신다. 그분이 직접 부의 모범을 보이신다. 당신을 낯선 곳으로 이동시키셔서 믿음이 성장하게 하신다. 그 과정을 통해 복의 통로로 성장시켜

주신다. 당신이 실패하면 다시 기회를 주시며 실패 선용으로 안내하신다. 창조주께서 큰 기대를 가지고 당신을 믿음 훈련의 장으로 계속 보내신다. 복의 통로이자 복 그 자체가 되기까지 이동시키신다. 아브라함에게 주셨던 말씀 그대로다.

> 너는 복이 될지라 **창 12:2**

하나님의 부는 하나님과 동행한다

요셉을 보라. 하나님은 그에게 먼저 꿈을 주셨다. 온 세계가 그에게 절하는 비전이었다(창 37:9). 그 다음에는 이동시키셨다. 말도 통하지 않고, 문화도 전혀 다른 곳으로 옮기셨다(창 37:28). 노예 신분으로 떨어진 그를 낯선 여정으로 인도하셨다(창 37:36). 야곱네 집에서 총애 받던 어린 왕자 요셉에게는 이보다 더 나쁠 수 없는 상황처럼 보인다. 그는 하루 아침에 모든 것을 잃었다. 하지만 성경은 전혀 다른 관점을 기록한다. 이런 상황을 '형통'이라고 말한다.

> 여호와께서 요셉과 함께하시므로 그가 형통한 자가 되어 그의 주인 애굽 사람의 집에 있으니 **창 39:2**

형통의 근거는 '여호와께서 요셉과 함께하시므로'에 있다. 하나님이 동행하시니 형통이다. 아들의 자리든 노예의 자리든, 익숙한 곳에서든 낯선 곳에서든 같은 원리다. 하나님이 동행하시면, 그것이 형통이다.

환경의 변화나 신분의 추락이 주는 어려움이 분명히 있다. 하지만 그 고통보다 하나님이 더 크시다. 언제 어디서나 하나님이 가장 크시다. 그러므로 문제없다. 하나님은 야곱네 집에서든 보디발네 집에서든 언제나 하나님이셨다.

하나님의 부는 하나님께 충성한다

노예로 전락한 요셉은 신세한탄만 할 수도 있었다. 친형들의 시기로 배신당해 팔려온 외국 미소년. 누가 봐도 불행한 인생이었다. 그러나 요셉은 개의치 않았다. 하나님이 계시기 때문에 불행은 문제가 될 수 없었다. 요셉은 소명에 집중했다. 하나님과의 동행이 그의 1차 소명이었다. 보디발의 집은 낯설지만 거기서 충성하는 것이 그의 2차 소명이었다. 소명대로 행하는 요셉은 남달랐다. 환경을 초월한 소명자의 모습에 보디발은 모든 것을 맡겼다. 그는 요셉을 신뢰했다.

요셉이 그의 주인에게 은혜를 입어 섬기매 그가 요셉을 가정 총무

로 삼고 자기의 소유를 다 그의 손에 위탁하니 **창 39:4**

이것이 바로 부의 모습이다. 요셉은 자기 소유가 아무것도 없는 외국인 꼬마였다. 그러나 하나님과 동행할 때, 보디발의 모든 재산에 대한 영향력을 갖게 되었다. 소명자의 충성이 부를 가져다주었다. 이 모습은 예수님의 비유에 등장하는 청지기의 모습과도 일치한다.

그 주인이 이르되 잘하였도다 착하고 충성된 종아 네가 적은 일에 충성하였으매 내가 많은 것을 네게 맡기리니 네 주인의 즐거움에 참여할지어다 하고 **마 25:23**

요셉에게 노예 생활은 '적은 일'이었다. 그는 그 일에 충성했다. 주인이 모든 소유를 다 의탁할 정도로 신실하고 일관된 일꾼으로 성장했다. 두고 온 가족에 대한 애증이나 신세 한탄을 뛰어넘어 하나님을 더 높게 바라봤다. 그래서 가능한 일이었다.

하나님의 부는 복을 가져다준다

충성했던 요셉은 복의 근원이 되었다. 하나님은 요셉으로 인해 보디발에게 부를 더하셨다. 말씀을 보면 '요셉을 위하여'라고 써 있다. 하나님께서 보디발의 집을 부하게 하신 이유는 보디발 때문이 아니었다. 요셉 때문이었다. 여기에 부의 원리가 있다.

> 그가 요셉에게 자기의 집과 그의 모든 소유물을 주관하게 한 때부터 여호와께서 요셉을 위하여 그 애굽 사람의 집에 복을 내리시므로 여호와의 복이 그의 집과 밭에 있는 모든 소유에 미친지라
> **창 39:5**

보디발의 집은 요셉 때문에 더욱 부해졌다. 그 재물은 요셉의 것은 아니었다. 그러나 요셉의 재산이나 다름없었다. 왜냐하면 보디발이 자신의 모든 소유를 요셉에게 위탁 경영했기 때문이다(창 39:6). 이것이 부의 모습이다. 요셉은 하나님의 부의 모습을 보여준다. 소유하지 않은 것에 대해서까지 영향력이 있는 사람이 진정한 부자다.

하나님의 부는 거룩하다

이후 요셉은 죄의 유혹을 받게 된다. 보디발 아내의 동침 요구였다(창 39:7). 만약 요셉이 이를 받아들였다면 그의 형통

과 부의 영향력은 거기까지였을 것이다. 다행히 요셉은 거룩의 길로 갔다. 주인의 아내를 거절했고, 하나님 앞에 죄를 피했다(창 39:9-12).

요셉은 꿈의 사람이었다(창 37:19). 온 세계가 요셉에게 절했던 꿈은 몽상이 아니었다. 개인이 직접 고안해낸 인생 계획표도 아니었다. 하나님이 주신 하나님의 꿈이었다. '비전'이었다.

비전의 특징은 하나님과의 동행이다. 비전은 하나님의 것이다. 인간의 힘으로 만들어낼 수 없는 것이다. 고난은 하나님의 것을 이룰 수 없다. 하나님만 하실 수 있는 일이 비전이다. 그럼에도 하나님이 요셉에게 비전을 보여주신 까닭은 따로 있다. 그것은 하나님이 일을 시키시려는 것이 아니라, 하나님과 동행하자는 부르심이었다. 비전의 소유주께서 일을 이루시는 과정을 함께하자고 부르신다.

비전을 주신 목적이 '동행'이라면, 그것을 이루는 방법은 '거룩'이다. 똥 묻은 돼지와 함께 살려면 목욕부터 시켜야 하듯, 인간이 하나님과 동행하려면 거룩해야 한다. 여기에 부의 완성이 있다.

하나님을 경외함으로 그분과 동행하며 소명에 집중하는 이에게도 반드시 죄의 유혹이 찾아온다. 그때 자신을 지켜

거룩해야 한다. 그래야 다음 단계의 부로 넘어갈 수 있다. 하나님과 동행하는 길이라면 감옥에 가도 괜찮다(창 39:20-23). 오히려 거기에 전 세계의 모든 부에 대한 영향력을 얻을 기회가 숨어 있을 테니(창 41:40).

제안

당신은 하나님께 매우 소중한 존재다. 하나님의 진짜 부는 당신이라고 했다. 그분은 당신의 믿음을 성장시키기 위해 당신을 이동시키신다. 우리는 이를 2가지 질문으로 자신에게 적용할 수 있다.

첫째, 당신이 최근 경험한 가장 낯설고 어려웠던 일이 있다면 무엇인가?

둘째, 거기서 당신의 관심사는 무엇이었는가? 혹시 당면한 문제 해결에만 신경 쓰느라 믿음 성장의 목적을 등한시하거나 잊어버리지는 않았는가?

요셉의 형통을 상기해보라. 거기에는 부의 4가지 원리가 들어 있다. 그것은 하나님과의 동행, 작은 것에 대한 충성, 그로 인해 주변 사람들이 복을 받게 되는 것, 그리고 죄의 유혹을 피하는 것이었다. 이들 각각에 대해서도 다음과 같이 자문함으로 스스로를 점검해보라.

첫째, 당신은 하나님과 동행하고 있는가? 만약 아니라면 그 이유는 무엇이며, 그 이유를 제거하는 방법에는 무엇이 있겠는가?

둘째, 당신은 별 볼일 없는 적은 것에도 요셉처럼 충성하는가? 만약 아니라면 그 이유는 무엇이며, 그 이유를 제거하는 방법에는 무엇이 있겠는가?

셋째, 당신의 충성 때문에 당신과 신앙도 다르고 언어나 문화도 다른 윗사람이 복을 받은 경험이 있는가? 만약 없다면 그 이유는 무엇이며, 그 이유를 제거하는 방법에는 무엇이 있겠는가?

넷째, 당신을 끊임없이 유혹하는 고질적인 유혹에는 어떤 것이 있는가? 당신은 유혹을 피해 도망하고 있는가? 하나님과의 동행을 지켜내기 위해 억울한 감옥살이도 감수할 용기가 있는가? 만약 아니라면 그 이유는 무엇이며, 그 이유를 제거하는 방법에는 무엇이 있겠는가?

 정리

요셉은 하나님의 부였다. 그는 하나님을 경외함으로 환경을 초월한 형통을 누렸다. 그 형통은 하나님과의 동행이었고, 이것은 곧 요셉의 소명이었다. 그는 소명에 집중하여 충성했다. 그 결과, 그의 주인은 부자가 되었고 그 재물은 고스란히 요셉의 영향력 아래 놓인 부가 되었다. 이 영향력은 요셉이 유혹을 이기고 하나님과의 동행을 거룩히 지켜냈을 때 전 세계적 부로 확대되었다. 아무것도 가지지 않았으나, 모든 것을 가진 자. 이것이 요셉이 보여준 부의 모습이었다.

역공의 시간

구약성경에 등장하는 '우상'은 히브리어로 '첼렘'이다. 그런데 '형상'을 의미하는 단어도 '첼렘'이다. 같은 단어가 사용되었다. 하나님은 우리를 그분의 형상(첼렘)으로 창조하셨다(창 1:27). 그런 우리가 우상(첼렘)을 세운다면 자신의 자리를 스스로 파괴하는 것과 같다. 하나님이 부여하신 지상 대리 통치자 직위와 함께 그 안에 들어 있는 권위, 권력, 그리고 지혜를 몽땅 포기하는 행위다. 자살 행위 아닌가? 그래서 십계명에서는 우상 숭배 금지의 이유를 '하나님을 위하여'가 아니라 '너를 위하여'라고 분명히 밝힌다(출 20:4).

우상이 무엇인가? 간략하게 설명하자면, '보이지 않는 하나님'이 못 미더워서 인간이 스스로 만들어낸, 좀 더 믿기 쉬운 '보이는 수단'쯤 된다. 이런 우상의 종류는 셀 수 없이 많다. 거의 모든 것이 우상이 될 수 있다. 그중에서도 가장 강력한 것은 '돈의 신'(맘몬)이다(마 6:24).

가난은 거룩이 아니고, 부는 죄가 아니다. 돈 그 자체는 수단일 뿐이기 때문이다. 부자든 가난한 자든, 우리의 생명의 기준은 하나님을 절대적으로 섬기느냐에 달렸다. 사도 바울을 보라. 그는 어느 때든 하나님을 섬겼다.

나는 비천에 처할 줄도 알고 풍부에 처할 줄도 알아 모든 일 곧 배부름과 배고픔과 풍부와 궁핍에도 처할 줄 아는 일체의 비결을 배웠노라 빌 4:12

우상을 섬기지 않으면 '하나님의 형상' 자리는 원래대로 인간의 것이 되고, 돈을 포함한 다른 모든 것은 원래대로 단순히 '도구'가 된다. 하지만 우상을 섬기게 되면 인간이 하나님의 형상 자리를 우상에게 넘겨주게 되면서 그 우상의 '도구'로 전락해버린다. 쉽게 말해, 하나님을 섬기면 돈을 통제하는 자리를 지킬 것이지만, 반대로 돈을 섬기면 돈의 통제를 받는 자리로 추락한다. 문제는 이 사실을 모르고 사는 사람들이 자신이 당하는 어려움이 마치 '돈의 원리'인 양 기정사실화하면서 오히려 우상 숭배를 퍼뜨리고 있다는 것이다.

우상은 참 교묘하다. 보이지 않는 곳에서 인간의 자리를 빼앗는다. 아담은 먹으면 반드시 죽을 걸 알면서도 선악과를 따먹었고, 아담의 후예는 만들면 반드시 지배당하는 줄 알면서도 우상을 계속 만들어낸다.

우상은 우상 숭배자를 속이고 우상 숭배자의 지인들을 속인다. 그 속임의 목적은 우상의 지배를 받는지 모르게 만듦으로써 우상이 계속 '하나님의 형상' 자리에서 진짜 하나님의 형상인 인간의 생명력을 갉아먹으며 생존하려는 것이다. 하지만 우상 숭배에 대한 지식이 없는 맘몬 숭배자들에게도 고통스러운 증세들은 나타난다. 아픈 부위를 부여잡고 꿈틀댄다.

만약 당신이 그렇다면, 왜 아픈지는 몰라도 좋다. 아프다는 것 자체가 살아 있다는 것이니 거기서부터 시작하자. 지금 당신이 돈을 섬기는지 아닌지 몰라도 좋다. 다만 돈 섬김의 증세가 있는지 살펴보라. 대표적으로 돈을 향한 사랑과 염려가 있는지 점검하는 것에서 시작해보라.

예수님은 산상수훈 가운데 맘몬 숭배에 대해 꽤 길게 말씀하셨다. 그 본문에 의하면, 돈 섬김의 증세는 돈 사랑이고, 돈 사랑의 증세는 돈 염려다(마 6:24-34). 돈에 대한 염려가 있는가? 이는 당신이 돈을 섬기는 자이며, 사랑하는 자라는 거룩한 신호다.

마무리하기 전에 하나만 더 말해야겠다. 나는 하나님의 자식들이 돈을 통제하며 살지 못하는 모습을 볼 때 화가 많이 난다. 하나님의 자녀들이 돈의 자녀가 되어 돈에게 수단화되어 사는 것이 화가 난다. 분노도 사명이다. 그래서 성경적 돈 원리를 책으로 정리했다. 이 책에 담은 내용은 성경에서 가져온 돈의 원리들이다.

하나님을 섬기는 사람들에게는 인생 매뉴얼인 성경이 있다. 거기에는 진짜 돈의 원리가 나온다. 맘몬 숭배자들은 상상도 할 수 없는 탁월한 돈 법칙들이 나온다. 돈 역시 하나님의 것이고(학 2:8), 인간은 하나님의 것들을 대신 다스리는 지위를 가졌다(창 2:15). 이 사실을 위반하는 모든 우상에게, 이제 당신이 역공할 차례다.

네게 재물 얻을 능력을 주었다

초판 1쇄 발행   2021년 6월 4일
초판 4쇄 발행   2024년 7월 2일

지은이   송준기

펴낸이   여진구
책임편집   이영주
편집   박소영 최현수 안수경 김도연 김아진 정아혜
책임디자인   노지현 | 마영애 조은혜 이하은
홍보 · 외서   진효지
마케팅   김상순 강성민   마케팅지원   최영배 정나영
제작   조영석 허병용   경영지원   김혜경 김경희

303비전성경암송학교 유니게 과정
이슬비전도학교 / 303비전성경암송학교 / 303비전꿈나무장학회

펴낸곳   규장

주소   06770 서울시 서초구 매헌로 16길 20(양재2동) 규장선교센터
전화   02)578-0003   팩스 02)578-7332
이메일   kyujang0691@gmail.com   홈페이지   www.kyujang.com
페이스북   facebook.com/kyujangbook   인스타그램   instagram.com/kyujang_com
카카오스토리   story.kakao.com/kyujangbook
등록일   1978.8.14. 제1-22

ⓒ 저자와의 협약 아래 인지는 생략되었습니다.
이 출판물은 저작권법에 의해 보호를 받는 저작물이므로 무단 전재와 무단 복제를 할 수 없습니다.

책값   뒤표지에 있습니다.
ISBN 979-11-6504-220-2 03230

규 | 장 | 수 | 칙

1. 기도로 기획하고 기도로 제작한다.
2. 오직 그리스도의 성품을 사모하는 독자가 원하고 필요로 하는 책만을 출판한다.
3. 한 활자 한 문장에 온 정성을 쏟는다.
4. 성실과 정확을 생명으로 삼고 일한다.
5. 긍정적이며 적극적인 신앙과 신행일치에의 안내자의 사명을 다한다.
6. 충고와 조언을 항상 감사로 경청한다.
7. 지상목표는 문서선교에 있다.

하나님을 사랑하는 자 곧 그의 뜻대로 부르심을 입은 자들에게는 모든 것이 合力하여 善을 이루느니라(롬 8:28)

규장은 문서를 통해 복음전파와 신앙교육에 주력하는 국제적 출판사들의 협의체인 복음주의출판협회(E.C.P.A:Evangelical Christian Publishers Association)의 출판정신에 동참하는 회원(Associate Member)입니다.